智能财税

主　编　谭　铸　刘尚彬　陈　艳

副主编　苏　燕　杨云会　谢　欣

　　　　邓春燕　汪茂玲　陈红莉

参　编　刘　辉　段成毅　莫合华

　　　　田德万　秦雁瑶　郝绍羽

合肥工业大学出版社

图书在版编目(CIP)数据

智能财税/谭铸,刘尚彬,陈艳主编.—合肥:合肥工业大学出版社,2024
ISBN 978-7-5650-6792-1

Ⅰ.①智… Ⅱ.①谭… ②刘… ③陈… Ⅲ.①财税—管理信息系统 Ⅳ.①F810-39

中国国家版本馆 CIP 数据核字(2024)第 108290 号

智 能 财 税

主编 谭 铸 刘尚彬 陈 艳	责任编辑 汪 钵 毕光跃
出 版 合肥工业大学出版社	版 次 2024 年 6 月第 1 版
地 址 合肥市屯溪路 193 号	印 次 2024 年 6 月第 1 次印刷
邮 编 230009	开 本 787 毫米×1092 毫米 1/16
电 话 理工图书出版中心:0551-62903004	印 张 10.5
营销与储运管理中心:0551-62903198	字 数 182 千字
网 址 press.hfut.edu.cn	印 刷 安徽联众印刷有限公司
E-mail hfutpress@163.com	发 行 全国新华书店

ISBN 978-7-5650-6792-1　　　　　　　　　　定价:38.00 元

如果有影响阅读的印装质量问题,请与出版社营销与储运管理中心联系调换。

前　　言

　　税收是国家为了满足社会公共需要,按照法律的规定,强制、无偿地取得财政收入的一种规范形式。随着我国社会主义市场经济的不断深入发展和税收法制的完善,税收成为政府、企业和社会公众越来越关注的焦点之一,对人们的社会经济活动产生着越来越重要的影响。

　　税收实务是中等职业技术学校财经类专业的一门基础课程。税收在服务企业会计工作中,具有相对的独立性。近年来税收立法进程明显加快,一系列税收法律制度相继出台,特别是增值税的全面推行和个人所得税的深化改革,税收制度发生了重大变化。为了能够及时反映税制改革的最新成果,满足纳税核算课程的建设需求,我们组织编写了本书。

　　本书坚持“就业为导向,服务为宗旨”的指导思想,秉承“以能力为本位,以学生为主体,以实践为主导”的教学原则,从学生实际出发,以“够用实用”为突破口,更新了流转税、所得税等知识点,使之更贴近社会实际,达到理论与实践相结合的目的。本书通过“知识目标”“能力目标”“素养目标”的设定,引导学生逐步掌握职场中所需要的各种税收知识、税额计算与涉税会计处理的专业技能。本书的突出特点如下。

　　(1)内容新颖,系统全面。本书以现有的税收法律、法规、规章和规范性文件为依据,全面、系统地介绍了我国现行税收制度,保证读者能够及时了解税收知识。

　　(2)“税会”结合,实用性强。本书除介绍了税收相关法律、法规及相关计算外,还设置了相关会计处理业务。各项税种均从应纳税额计算和涉税会计处理两个方面进行阐述,真正做到“税会”结合,实用性强。

　　(3)项目教学,任务驱动。本书在编排中突破了传统体例,以税种核算应用为导向,按模块分类,每个模块内又按课题讲解、技能强化两个部分编排设计,使读者能够快速掌握、运用所学内容。

　　本书适合作为各类院校财经类专业纳税核算课程的专用教材,也可作为企业在职人员、高校教师学习财税法规、涉税财会制度的参考教材。在编写过程中,编者参考了一些文献,在此向这些文献的作者表示衷心的感谢。

本书由重庆市梁平职业教育中心谭铸、刘尚彬、陈艳担任主编,苏燕、莫合华、李传平、杨云会、谢欣、田德万、邓春燕担任副主编,刘辉、汪茂玲、陈红莉、段成毅、罗越平共同参与编写。

由于编者水平有限,加之时间仓促,书中难免存在一些疏漏与不足之处,请各位专家、读者批评指正,以便修订、改正!

重庆市梁平职教中心会计事务教研组

2023 年 8 月

目　　录

二维码索引

模块一 智能财税基础知识

【课件】
智能财税基础知识

【知识目标】

● 了解智能财税的应用领域;

● 熟悉智能财税的财务管理;

● 掌握智能财税的基础知识。

【能力目标】

● 能够运用智能财税基础知识分析智能财税相关案例;

● 能够领悟智能财税对于整个课程学习的意义。

【素养目标】

● 培养学生正确的财税理念与财税文化;

● 培育学生的家国情怀及社会责任意识。

课题一 智能财税概述

【微课】
智能财税概述

一、智能财税的定义和发展历程

近年来,人工智能(Artificial Intelligence,AI)几乎占据了人们生活的方方面面,而随着电子发票和财税改革等的落实,财税行业借力 AI 转型升级的条件也变得越来越成熟。

(一)智能财税的概念

智能财税是一种利用人工智能、大数据分析和自动化工具等智能技术手段,使财务和税务管理过程更加智能化、自动化,以提高财务和税务管理的效率和准确性的管理模式。

（二）智能财税的意义

1. 降低企业运营成本

利用互联网智能平台的大数据分析，企业可以掌握各种财务和业务信息，可以随时查看每月资金、纳税、利润等财税统计数据。企业管理者也可以及时了解企业内部各个部门的工作状态，以便更好地组织协调企业内部的资源，提高资源的利用率。

2. 提升财税结算申报效率

人工计算容易出现失误，而人工智能可以让企业的财税管理更加标准、合规，财税质量得到提高。人工智能将改变代理记账行业劳动密集型的特点，节省财务人员的工作时间，整个行业的效率有望得到极大的提升。

3. 做出最佳财税统筹决策

利用人工智能，企业可以对业务和财务数据进行深入分析和处理，以此作为决策的依据，能够加强决策的能力，加快决策的速度，使企业能够及时抓住商业机遇，规避财务风险，加大内部控制管理力度，提高市场竞争力。

4. 优化企业各项业务管理

智能财税相比于传统财务管理能够获得更多的财务信息，因此，企业可以脱离原来的基于财务报表的分析，通过大数据的采集，提炼数据背后的业务场景，从而得出更符合市场实际、更准确的判断，以对未来的业务做出指导、给出建议。

（三）智能财税的发展历程

1. 初期阶段

智能财税起源于财务软件的发展，在这个阶段，智能财税主要依靠计算机技术和软件来实现财务和税务的自动化处理，提高了工作效率和准确性。

2. 数据化阶段

随着大数据技术的发展，智能财税开始注重对大量财务和税务数据进行处理和分析，借助数据挖掘、数据分析等技术，可以发现更多的业务规律和趋势，并提供更准确的决策支持。

3. 智能化阶段

随着人工智能技术的成熟，智能财税开始引入自然语言处理、机器学习、深度学习等技术，可以智能化解决财务和税务问题，例如自动识别发票、智能填报报表、自动化风险预警等。

4. 综合化阶段

当前智能财税正在向综合化发展,将财务和税务管理与其他管理领域相结合,实现财务、税务与供应链、人力资源等管理数据的一体化处理和运营,可以提供更全面的决策支持和综合分析。

未来,随着物联网、区块链等新技术的应用,智能财税有望进一步发展,逐步实现财务和税务管理的全面自动化和智能化,为企业提供更高效、准确和可靠的财税服务。

二、智能财税的应用领域

(一)财务管理

智能财税可以帮助企业实现财务核算、财务预测、财务分析等方面的自动化和智能化,提高企业财务管理的效率和准确性。

(二)税务管理

智能财税可以用于自动化税务申报、税务合规管理和税务风险预警等方面,以帮助企业遵守税务法规,降低税务风险。

(三)财务报告与分析

智能财税可以自动化生成财务报告,并对财务数据进行智能分析,从而为企业提供准确、及时的财务决策支持。

(四)大数据分析

智能财税可以利用大数据分析技术对财务和税务数据进行挖掘和分析,以帮助企业发现业务规律和趋势,为其提供更准确的决策支持。

(五)风险管理

智能财税可以通过对财务和税务数据的智能分析识别潜在的财税风险,并提供及时的预警和风险控制措施。

(六)跨境贸易

智能财税可以用于跨境贸易的财务和税务管理,包括海关报关、进口税计算、跨境支付等的自动化和智能化。

三、智能财税面临的挑战和机遇

(一)智能财税面临的挑战

1. 数据质量问题

智能财税需要准确、完整的财务数据,然而一些企业财务数据的质量可能存在问题,如数据录入错误、前后数据不一致等,这就给智能财税的分析和应用带来了一定的困难。

2. 隐私和安全问题

企业的财务数据涉及敏感信息,如交易记录、利润情况等,存在信息泄露和滥用的风险。因此,智能财税必须确保数据的安全性和隐私性,防止数据被恶意利用。

3. 技术成熟度

智能财税仍处于发展阶段,不同技术厂商的产品和解决方案差异较大。因此,企业在选择和应用智能财税技术时需要认真评估其成熟度和适用性。

(二)智能财税面临的机遇

1. 自动化和效率提升

智能财税的应用可以实现财务工作的自动化,极大地提高工作效率和准确性。运用智能财税,企业可以节约时间和人力资源,将更多精力投入战略性的财务决策上。

2. 数据驱动决策

智能财税能够通过大数据分析和智能算法挖掘出隐藏在大量财务数据中的关联模式和趋势,为企业提供有价值的决策支持。通过数据驱动决策,企业可以更准确地把握市场形势、优化财务策略。

3. 降低风险和成本

智能财税可以帮助企业更好地掌握财务状况,及时发现和预防财务风险,减少错误和损失。智能财税还可以通过合理的财务规划和成本控制,降低企业的经营成本,提升盈利能力。

4. 创新业务模式

智能财税的发展还为企业提供了创新业务模式的机会。例如,智能财税可以应用于金融机构,提供融资服务和风险评估,帮助企业实现资金的优化配置。

【技能强化】

一、单项选择题

1. 智能财税发展的初期阶段,主要依靠(　　)来实现财务的自动化处理。

A. 财务管理　　　　　　　　　　B. 税务管理

C. 计算机技术和软件　　　　　　D. 电子票据

2. 智能财税发展的数据化阶段,注重对大量财务和(　　)的处理和分析。

A. 会计数据　　　　　　　　　　B. 计算机数据

C. 电商数据　　　　　　　　　　D. 税务数据

3. 智能财税发展的智能化阶段,可以(　　)解决财务和税务问题。

A. 智能化　　　　B. 数字化　　　　C. 纸质化　　　　D. 传统化

4. (　　)可以帮助企业实现财务核算、财务预测、财务分析等方面的自动化和智能化。

A. 数字化　　　　　　　　　　　B. 计算机

C. 传统税务　　　　　　　　　　D. 智能财税

5. 智能财税可以帮助企业更好地掌握(　　),及时发现和预防财务风险,减少错误和损失。

A. 财务状况　　　　B. 经营成果　　　　C. 财务规划　　　　D. 成本控制

二、多项选择题

1. 智能财税的意义包括(　　)。

A. 降低企业运营成本　　　　　　B. 提升财税结算申报效率

C. 做出最佳财税统筹决策　　　　D. 优化企业各项业务管理

2. 智能财税的应用领域包括(　　)。

A. 财务管理　　　　　　　　　　B. 税务管理

C. 财务报告与分析　　　　　　　D. 大数据分析

E. 风险管理　　　　　　　　　　F. 跨境贸易

3. 智能财税面临的挑战有(　　)。

A. 数据质量问题　　　　　　　　B. 隐私和安全问题

C. 技术成熟度　　　　　　　　　D. 降低风险和成本

4. 智能财税面临的机遇有（　　）。

A. 自动化和效率提升　　　　　　B. 数据驱动决策

C. 降低风险和成本　　　　　　　D. 创新业务模式

5. 智能财税是一种利用（　　）等智能技术手段，使财务和税务管理过程更加智能化、自动化，以提高财务和税务管理的效率和准确性的管理模式。

A. 人工智能技术　　　　　　　　B. 大数据分析

C. 自动化工具　　　　　　　　　D. 数字化服务

三、判断题

（　　）1. 智能财税不可以降低企业运营成本。

（　　）2. 智能财税可以提升财税结算申报效率。

（　　）3. 智能财税不可以自动化生成财务报告。

（　　）4. 智能财税可以提高工作效率。

（　　）5. 智能财税可以为企业节约时间和人力资源成本。

课题二　智能财务管理

一、智能财务管理的基本原理

【微课】
智能财务管理

财务管理工作并非一个独立的工作环节，其综合性较强。财务管理工作会涉及企业的许多部门，对企业的各个方面都有着一定的影响。

无论是机器人流程自动化（Robotic Process Automation，RPA），还是财务智能云，它们都是基于财务工作中某一个或某一部分流程进行的变革，或许符合智能财务的部分内涵，但无法擎起智能财务这杆大旗。智能财务必须是覆盖财务全流程的全面智能化。我们认为，它涵盖以下三个层面。

（一）智能财务是基于业财深度一体化的财务共享平台——智能财务的基础

财务只有与业务真正融合才能发挥出创造价值的作用。然而，长期以来，企业财务体系的最大问题就在于与业务相脱节。

企业智能财务共享平台是现代企业财务体系拥抱互联网、云计算等技术的全新理念和有力探索。互联网和"云"的核心思想是连接,共享的核心思想是开放。架构于互联网和"云"上的智能财务共享平台通过连接和数字化改造,实现了财务与业务的实时连带发生,颠覆了传统交易方式,消灭了报销、报账流程,真正实现了业财的深度一体化。

具体而言,基于智能财务共享平台,企业可以搭建云端企业商城,利用电商化平台实现供应商、客户之间的无缝连接,并借助发票电子化打通税务数据与交易的联系,回归交易管理为核心的企业运营本质,重构传统财务处理流程,实现对日常业务以及大宗原材料采购的在线下单、支付,企业统一对账结算,实现了交易透明化、流程自动化、数据真实化。

在智能财务共享平台体系下,大量不增值的审核、结账环节都经由系统自动化实时完成,财务人员只需要事先做好管控、做好预算、设置好流程即可,可以从烦琐的重复劳动中解脱出来,聚焦于管理分析、风险监控识别等有价值的工作上。

(二)智能财务是基于商业智能的智能管理会计平台——智能财务的核心

财务工作始于数据、止于数据,但财务却并非只是数据的搬运工,而是数据的整合加工者。作为财务体系中负责价值创造的那部分,管理会计平台需要具备模型化、多视角、大数据和灵活性等特点。

商业智能(Business Intelligence,BI)是一套商业方面辅助决策的解决方案。它通过组建企业级数据仓库,得到企业数据的全局视图,在此基础上,再利用合适的查询工具、分析工具、数据挖掘工具等对数据进行分析和处理,形成有用的信息。总体而言,商业智能拥有强大的建模能力、多维度的构架体系、专业的数据处理技术和灵活的技术特点,与管理会计对信息平台的要求吻合。

商业智能的概念早在1996年就已经被提出,但长期以来受限于信息技术的发展,在企业中落地缓慢。而基于智能财务共享平台中大量实时记录的详细数据所形成的财务数据中心,企业可以获得及时、完整、真实的内外部基础数据,这为商业智能破解了最大的发展瓶颈。

通过构建基于商业智能的智能管理会计平台,企业可以获得贴合不同用户需求的多维度、立体化的数据信息,对管理者的决策过程提供智能化支撑。

(三)智能财务是基于人工智能的财务平台——智能财务的深度发展

财务管理工作的最终目的是为企业创造经济价值而提供服务,在财务管理智能化发展过程中,企业为了提高市场竞争力,需要积极利用现代化科学技术制定专业的发展战略,并根据市场变化积极进行企业转型。

财务智能化技术通过大数据技术建立有效的数据分析模型,能够为企业转型提供帮助;通过海量的数据分析和数据整理,使得企业财务信息准确呈现,能够帮助企业管理者制定更加专业、可行的企业发展战略。除此之外,针对企业的财税管理工作,财务管理智能化技术也明显提高了工作效率。例如,工作人员只需通过票据采集就可实现对财税核算工作的自动化处理,完成整体申报工作,这样在一定程度上降低了企业纳税成本,提高管理水平。

智能财务的要素主要包括"大脑"(AI)、"内脏与四肢"(RPA 等)、"血液"(大数据),其中,"大脑"负责将人的指令分解落地,"内脏与四肢"可以使系统自动运行,而"血液"则是数据分析的基础。

未来,随着人工智能的深度发展,在以智能财务共享平台和智能管理会计平台为主流的智能财务体系下,财务智能 RPA 或许可以进一步消除财务的人工作业流程,并基于强大的深度学习能力、计算能力和反应能力,像人类一样进行自主的信息搜集、信息分析并代替人类做出经营决策。

二、智能财务管理的基本方法

智能财务管理的第一步是收集和整理财务数据。这可以通过自动化系统和工具来实现,如财务软件、数据仓库和 ERP 系统等。数据采集和整合的目的是建立一个全面、准确的财务数据库,为后续的分析和决策提供基础。

(一)数据分析与挖掘

通过对财务数据的分析与挖掘,智能财务管理可以发现潜在的模式、趋势。这可以帮助企业了解财务状况,发现风险和机会,并做出相应的决策和规划。数据分析与挖掘可以采用统计分析、数据挖掘算法和机器学习等方法。

(二)预测与规划

智能财务管理可以利用历史数据和模型来预测未来的财务状况和趋势。通过预测与规划,企业可以制定合理的财务目标和计划,并采取相应的措施实现这些目标和计划。预测与规划可以采用时间序列分析、回归模型和预测模型等方法。

(三)风险管理与控制

智能财务管理可以帮助企业实时监测和评估财务风险,并采取相应的控制措施。风险管理与控制的方法包括建立风险评估模型、制订风险管理计划和采取风险控制措施等。通过智能财务管理,企业可以及时发现和应对风险,保护企业的财务稳定。

(四)协同与沟通

智能财务管理可以促进不同部门和岗位之间的协同和沟通。通过共享实时的财务数据和报表,不同部门可以实现协同工作和决策。智能财务管理还可以提供数据可视化和报表共享的功能,方便企业和外部利益相关方的沟通与合作。

三、智能财务管理系统的设计与建设

智能化技术已经成为当前最具前景和最重要的核心支撑技术,对各行各业都产生着至关重要的影响,其中也包括财务会计领域。数据资源、大数据技术和人工智能技术支撑着财务智能化系统的建设。基于此,设计和建设智能财务管理系统显得十分必要。通过实践,当前智能财务管理系统中的一些智能化财务应用场景已经得以实现,智能财务平台也按照其功能导向划分为核算导向型、管理导向型和战略导向型。在智能财务的持续发展过程中,还需要进一步拓展智能化应用场景,以点带面,设计和构建出更加高效、完善的智能财务管理系统。

(一)智能财务的目标设计

在进行智能财务顶层设计时,首先需要确定智能财务系统的设计运行目标,并依此开展精准的智能财务目标设计。可以将企业的智能财务设计和建设分为三个主要目标和方向。

1. 从财务层面来看

要求企业在开展智能财务管理系统和平台设计的过程中,严格立足于业务驱动财务的智能财务管理系统运行目标,凭借企业智能财务平台的设计和构建来实现自动化、智能化、智慧化和高质量的财务会计工作,为企业的资金结算、资产盘点、应收应付账款核算、税务计算和申报等工作模拟自动化和智能的工作系统。

2. 从业务层面来看

需要设计和构建起规范化的业财融合管理平台和共享平台,以实现业务信息和财务会计信息的融合共享为业务层面智能化设计的目标,智能化地规范业务项目的资金管理工作和风险防控工作,可以有效提高企业业务开展的效率和质量。

3. 从管理层面来看

智能财务管理系统设计的目标是实现数据驱动管理,通过大数据技术和大数据分析模型等来实现数据驱动的精细协同管理目标,充分发挥大数据资源在现代化企业管理中的重要作用。

(二)智能财务管理系统的工作框架设计

智能财务管理系统的工作框架包括大数据基础平台、业务经营管理平台、大数据分析应用平台和外部交易管理平台等主要功能模块平台,各个模块构成了相对完善的智能财务管理系统工作框架体系。

1. 大数据基础平台

需要设计和建立大数据基础平台,构建起基础数据管理机制,为其他功能模块和平台奠定基础。在设计大数据基础平台时,需要先对财务数据标准进行约束和确定,并制定财务信息数据抽取、转换和存储的规则,建立起完善的财务会计信息数据基础平台的储存功能模块,明确主要的储存数据为各种业务信息数据、财务会计信息数据、经济活动数据、管理信息数据、市场信息数据等,并将基础数据定义为最细颗粒度的数据,为智能财务管理系统的运行奠定高质量的数据信息基础。

2. 业务经营管理平台

需要围绕业财融合的需求和趋势,在智能财务工作中设计业务经营管理平台。智能财务管理系统工作框架体系中的业务经营管理模块,主要用来支持现代化企业的各项日常经营管理活动,实现业财一体化管理体系建设。业务经营管理平台可以接收源于智能财务管理系统中共享的资金计划、成本预算等财务会计信息和决策指令,在科学合理的财务管控指标约束下开展规范化的业务操作。此外,业务操作形成的各项业务信息数据也需要借此模块传输给智能财务管理系统,以构建良性循环。

3. 大数据分析应用平台

设计和构建基于大数据基础平台之上的大数据分析应用平台,调用大数据基础平台的各种信息数据资源,应用大数据分析技术构建数据模型,对大数据基础平台储存的各种数据信息进行全方位的分析。比如开展财务风险分析,通过财务风险分析的数字化模型来运算各组数据,对企业的财务会计信息数据进行风险主题分析,而后根据模型运行结果生成财务分析报告,并做出财务风险预警,模拟可行方案,切实提高财务风险防控的效率。

4. 外部交易管理平台

企业的财务会计信息不仅对内部管理人员有参考作用,对外部投资者与合作伙伴也具有重要影响。因此需要构建起能够反映现代化企业业务、财务会计工作及管理工作需求的,和企业外部对接的外部交易管理平台,用以收集和分析市场行情数据和行业发展信息数据,增强企业与第三方交易平台之间的关联,顺畅地传递各种业务信息数据、单据、业务状态、应收应付账款以及实时资助金动态等。

(三)智能财务会计共享平台设计

企业还需要优化和完善智能财务会计共享平台的设计。首先需要完善企业智能财务会计共享平台的框架设计,其次需要做好智能财务会计共享平台与周边系统的对接设计工作。

(1)完善企业智能财务会计共享平台的框架设计。可以将智能财务会计共享平台设计为两个模块,一个为财务共享运营管理平台,另一个为影像管理平台,尽可能地推动企业财务会计信息的充分共享和流动。同时需要将智能财务会计共享平台分为会计核算、财务会计报告、资金接收、税务会计和会计档案管理等功能模块,各功能模块储存对应的数据。打通各个功能模块数据信息之间的流动屏障,实现智能财务会计信息的有效共享。

(2)做好智能财务会计共享平台与周边系统的对接设计工作。根据周边系统选择正确的对接方式,例如,在和生产经营管理系统进行对接时,主要的财务会计信息应当是原材料采购预算计划、实际成本、生产制造中间成本等;而在与人力资源系统对接时,则需要关注人力资源聘请成本、培养费用和差旅费报销等会计信息。

(四)财务智能化场景设计

智能财务管理系统最终是否能够发挥实际作用,对企业产生重要影响,还需要看智能财务管理系统的智能化场景设计的准确性。

1. 人工智能技术

企业智能财务管理系统中的具体财务应用场景主要有感知智能、运算智能和认知智能三类智能化的应用场景。其中,在感知智能的应用场景下,可以对财务会计人员进行人脸识别和身份识别,确定财务会计人员的身份,开展相关财务会计工作,从而通过相应的身份感应识别作出相应的决策。运算智能则应用于财务会计核算的各种模型以及财务会计专业软件当中,用以开展财务会计信息数据的多角度、多维度关联分析。认知智能则是通过推理预测,进一步提高智能财务管理系统所提供的各项决策建议和财务报告分析结果的准确性,为财务会计人员提供具有超强大脑的虚拟个人助手或者是智能化虚拟专家系统。

2. 物联网技术

智能财务工作中的应用场景主要是各项资金资产的监控、识别、定位、追踪和管控,能够将实体资产通过物联网技术与互联网之间构建起密切的联系,在传统的基础上有效提高资产管理的效率。

智能财务管理系统生长和发展于数字经济时代,在推动智能财务建设时确定建设的核心目标是设计和构建智能化的财务平台,完善智能财务管理系统的应用框架和功能框架设计,丰富智能化应用场景设计。同时需要借助人工智能感知技术、智能化运算技术、云计算技术以及物联网技术等推动智能财务管理系统和平台运行技术的优化,从而有效转变财务会计管理模式,树立数字化和智能化的新型财务管理模式,以全方位提高企业的财务管理效率。

四、智能财务分析和预测

智能财务建设既可以看作财务管理工作在经济社会数字化转型的全面开启,也可以看作财务职能以数字化技术为支撑,对内提升单位管理水平和风险管控能力、对外服务财政管理和宏观经济治理的会计智能拓展,究其本质则是在财务数字化转型升级过程中对既有边界的突破和再定义的过程。

传统的财务分析是基础,经营分析是建立在财务分析基础之上的专项分析。能够让计算机软件从事分析工作,得出准确或尽可能准确结论的方法主要是准确计算法和因素穷尽法。准确计算法是寻找一个准确计算公式或模型,用计算来得出唯一正确的、没有争议的分析结论的方法。因素穷尽法是在没有准确计算公式的情况下,将各种可能出现的客观现象加以穷尽,在某种给定条件下再寻求与客观现实一致、没有争议的准确结论的方法。只有能够得出没有争议的分析结论的方法,将相关方法编制成程序,获取对应数据,才能由计算机软件来完成,实现分析工作的智能化。

(一)准确计算法

通俗地讲,准确计算法就是要找到一把客观的尺子或者一个唯一正确的计算公式,通过严格、一对一、非概率型的定量计算来分析问题的方法。例如,评价一家企业的偿债能力,过去我们经常使用的是多指标、多因素加权打分的方法。这些指标如流(速)动比率、资产负债率、利息保障倍数等,它们可在一定程度上从不同侧面反映企业的偿债能力,但却不能明确回答企业是否拥有偿债能力。这是因为在传统的偿债能力分析方法中,资产负债率、流(速)动比率等指标均是静态的时点指标,只是以财务报表所提供的当期数据来分析企业的偿债能力,并没有考虑由这些债务所形成的资产在分析时点之后、债务到期之前资产能否周转收回,收回之后会不会增值。即使一些评价方法考虑了资产周转速度和盈利能力这两个方面的指标,如资产周转天数、资产报酬率、息税折旧及摊销前利润等,但通常也是通过各个指标值的加权打分来评价。加权打分的核心问题是给每个指标赋予多少权重,不同的专家有不同的看法,难以得到公认的结论。如果没有一个公认、可靠的加权打分方法,自然也难以得出客观准确、能够被普遍接受的分析方法。

可用以下公式来计算企业可用来还债的流动资产:

可用来还债的流动资产＝期初流动资产×(1＋流动资产利润率)^{流动资产周转次数}

上式表明,一家企业能够用来还债的资金是由企业现在的资产、企业资产在未来某个时点之前的盈利能力和这个时点之前企业资产的周转速度共同决定的。假设企业参与经营周转的资产只是流动资产,那么企业可用来还债的资金是由期初企业投入的流动资产、流动资产销售之后的盈利能力、流动资产的周转速度三个因素共同决定的。这三个因素和企业偿债能力之间的关系不是简单的相加关系,也不是由某个公式和权重系数确定的加权打分关系,而是由上式所表示的一种准确计算关系。只要按照上式计算企业可用来还债的资金,再和需要偿还的债务规模、企业正常经营环节需要继续占用的流动资产金额进行比较,就可以得出企业能否按期偿债的唯一正确结论。当可用来还债的流动资产扣除不能用来还债、应当继续在经营环节占用的流动资产之后的金额大于需要偿还的负债额,则可以确认该企业有还债能力;如果该金额小于需要偿还的负债额,则可以确认该企业缺乏还债能力。

只要确认这个偿债能力的计算公式是准确、客观的,就可以将其固化到计算机软件之中,由计算机软件自动根据企业的财务报表数据计算并回答企业能否还债。

类似地,通过寻找准确计算公式的办法来回答的财务分析问题如下:

(1)由企业投资、融资和经营现状决定的企业资金需求;

(2)由企业财务状况和经营业绩决定的企业资金缺口;

(3)加速资产周转可能带来的资金节约额和利润增加额;

（4）由企业经营业绩决定的可动用资金总额；

（5）企业能够偿还的负债规模；

（6）企业增加负债的可行性；

（7）在一定成本结构和产品结构条件下企业达到盈利的最低销售收入；

（8）在一定资本结构、资金成本和盈利水平条件下实现盈利的最低销售收入。

（二）因素穷尽法

因素穷尽法也称为因素枚举法、层次分析法、决策树分析法，它是从某个方面出发不断深入挖掘，考虑各种情况及其组合，直到找出准确的分析结论为止的一种财务分析方法。其基本思路：首先确定要回答的经营管理问题；其次寻找这个问题的主要表现形式和分析指标，并从这个指标出发来确定问题存在的各种可能状态；再次就每种状态的决定因素进行进一步枚举；最后就每个决定因素的决定因素进行枚举。层层递进，步步深入，直到找到决定这个状态的客观、唯一正确的原因，就可以得出分析结论。

人工将各种情况加以穷尽，在现实生活中要么不可能，要么工作量太大。以资产结构的合理性评价为例，如果我们仅使用资产总额、收入、利润、存货、应收账款 5 个指标来评价企业资产结构的合理性，每个指标假设仅有大幅增长、有所增长、变化不大、有所下降、大幅下降 5 种状态，那么这些因素和状态组合起来就会有 3125 种。若将每种可能状态写出一行字的分析结论，需要 79 页、每页 40 行的 A4 纸才能完成。显然，本书在介绍使用因素穷尽法来分析具体财务问题时，不可能将这 3125 种情况全部列出来供读者讨论，因为大多数读者不会有耐心去阅读和研究它们。但从科学的角度看，不把这 3125 种情况全部写出来，就很难对使用上述 5 个指标进行资产结构合理性评价的方法的准确性展开讨论，也就很难进一步提高这 3125 种分析结论的质量。如果事先将这 3125 种情况记录下来，让计算机来考虑各种可能的情况，然后得出针对某一种具体情况的分析结论，则仅需要几秒钟。

（三）智能分析法

智能分析法是事先考虑清楚各种可能的情况，将各种情况下的分析方法和结论事先记录下来，然后利用计算机软件根据企业的具体财务数据分析企业属于哪种情况的一种方法。在计算机智能化软件的帮助下，不需要对 3125 种情况进行逐一分析，而只需要就具体的分析过程和分析结论的正确性进行讨论，并和企业的客观实际情况比较，来确定分析结论的正确性或者需要改进的地方。

让计算机来辅助人们进行智能分析判断,核心问题是将各种可能情况下的可能结论一一记录下来。例如,在分析企业存货合理性的时候,在大幅增长的情况下,我们的分析思路如下。

(1)在存货大幅增长的情况下,收入是否大幅增长?

(2)在收入同步增长的情况下,营业利润是否大幅增长?

(3)在营业利润大幅增长的情况下,现金支付能力是否大幅增长?(利润是否转化为现金)

(4)在营业利润没有同步转化为现金的情况下,预付账款或应收账款是否大幅增长?(市场是否普遍好转)

(5)在存货大幅增长、收入同步增长、利润大幅增长、现金支付能力下降、预付货款和应收账款没有增长的情况下,固定资产长期投资是否大幅增长?(利润是否转化为投资)

(6)如果利润没有转化为投资,负债是否大幅减少?(利润是否用来还债)

(7)如果利润没有用来还债,则说明存货增长是假的,增长是不合理的。

在存货大幅增长、收入同步增长、利润大幅增长、现金支付能力下降、预付货款和应收账款没有增长、固定资产长期投资没有增长这一状态下,负债出现了大幅减少,即到上述第(6)个分析层次,存货增长带来了收入和利润的增长以及负债的降低,说明这种增长是合理的。如果在上述第(5)个分析层次发现固定资产原值增长30%,说明存货的增长源于固定资产的增加;如果在这个分析层次固定资产并无增长,但企业的预收账款增长20%或者预付账款增长20%,说明存货大幅增长是应对市场变化的一种理性安排,则其增长是合理的;如果预收账款增长率小于0或者预付账款增长率小于0,而营业利润增长率大于30%,则说明企业大量销售、大量生产引起利润上升、利润率下降,导致存货出现不合理增长,但这种增长是正常的。若营业利润零增长,则说明存货的大幅增长得不到有效的解释,存货数据的真实性值得关注。

在许多情况下,我们事先设定的判断层次、思路和结论会与实际情况不一致,比如我们会遇到过去没有遇到过的情况。只要我们再回过头来寻找原因,查看并对比实际情况,发现未考虑的因素及其导致的与实际情况的不同,然后将这些未考虑的因素和与实际情况不同的情况再追加到计算机软件的分析判断可能情况库和判断逻辑中,增加新的分析思路或分析路径就可以了。每追加一种情况,就会使我们的财务分析知识和经验提高一步,使我们分析的准确性和科学性向前迈进一步。

同样的通理,即使我们对一种可能的结果有了定论,但发现其和实际情况并不一致时,只要我们能够找到原因,证明谁对谁错,就可以将错误的思路改正过来。这就是借助计算机软件,实现财务分析智能化所带来的好处。

推而广之,如果企业的各种经营管理问题,均能够通过准确计算法或因素穷尽法得出正确或接近正确的结论,并能通过智能学习和记忆对判断错误的情况进行修正,那么企业管理决策的失误将会越来越少。随着我们发现的准确计算方法越来越多,积累的经营管理实际情况越来越多,企业的决策和管理水平就会向前迈进一步。

所有基于数据的分析问题,无论是需要定量回答还是定性回答,准确计算法和因素穷尽法都会使我们的分析决策和管理水平大幅提高。按照这个思路,只要我们能够把分析事物的方法记录下来,把各种经营管理问题考虑的科学方法固化下来,就可以将其直接应用到企业的经营管理实践中去。只要我们将企业经营管理实践中的经验教训记录下来,转化为计算机程序,让计算机来自动进行分析和过程监控,确保分析的准确性、客观性,我们的决策水平和管理水平就会大大提高。这就是智能分析方法的作用和价值。

【技能强化】

一、单项选择题

1.(　　　　)是智能财务的基础。

A. 智能税务　　　　　　　　　B. 智能财务共享平台

C. 智能会计　　　　　　　　　D. 智能财务

2. 智能财务会计共享平台设计分为(　　　　)个模块框架结构。

A. 一　　　　　B. 二　　　　　C. 三　　　　　D. 四

3. 商业智能的概念早在(　　　　)年被提出。

A. 1996　　　　　B. 1997　　　　　C. 1998　　　　　D. 1999

4. 智能财务管理可以利用(　　　　)和模型来预测未来的财务状况和趋势。

A. 原始数据　　　　　　　　　B. 历史数据

C. 现有数据　　　　　　　　　D. 未来数据

二、多项选择题

1. 智能财务管理的基本方法包括(　　　　)。

A. 数据分析与挖掘　　　　　　B. 预测与规划

C. 风险管理与控制　　　　　　　　D. 协同与沟通

2. 智能财务管理系统的工作框架包括（　　　）。

A. 大数据基础平台　　　　　　　　B. 业务经营管理平台

C. 大数据分析应用平台　　　　　　D. 外部交易管理平台

3. 财务智能化场景设计包括（　　　）。

A. 人工智能技术　　　　　　　　　B. 物联网技术

C. 大数据分析技术　　　　　　　　D. 计算机技术

4. 智能财务分析和预测方法包括（　　　）。

A. 准确计算法　　　　　　　　　　B. 因素穷尽法

C. 智能分析法　　　　　　　　　　D. 加权平均法

5. 在企业智能财务系统中的具体财务应用场景主要有（　　　）应用场景。

A. 感知智能　　　　　　　　　　　B. 运算智能

C. 认知智能　　　　　　　　　　　D. 语言智能

三、判断题

（　　　）1. 财务管理工作是一个独立的工作环节。

（　　　）2. 如今,企业已经不需要优化和完善智能财务会计共享平台的设计。

（　　　）3. 智能财务管理可以促进不同部门和岗位之间的协同和沟通。

（　　　）4. 企业的财务会计信息不仅对内部管理人员有参考作用,对外部投资者和合作伙伴也具有重要影响。

（　　　）5. 智能财务管理可以利用历史数据和模型来预测未来的财务状况和趋势。

课题三　智能税务管理

"金税四期"是国家税务总局推出的一项重要税收改革,旨在加强税收管理,提高税收征管效率,促进社会经济发展。无论是对于企业,还是对个人,"金税四期"都有着重要的影响。

【微课】
智能税务管理

"银税联动,以数控税",即通过打通政府各个部门的数据中心,包括银行、社保、车辆管理、房屋经营管理等,用大数据建立企业经营模型,通过与企业相关联的企业、个人的业务数据,甚至是银行数据进行全方位分析和管控,以实现精准管理。

一、智能税务管理的概念

智能税务管理是一种利用人工智能技术对税务管理进行优化和智能化的方法。智能税务管理可以通过自动化处理税务报表和数据,提供实时的税务洞察和分析,从而帮助企业更好地管理税务风险和优化税务策略。此外,智能税务管理还可以提高税务部门的效率和准确性,减少重复性工作和错误的出现。总之,智能税务管理可以帮助企业更好地应对复杂的税务环境,提升税务管理水平。

二、智能税务管理的特征

在"金税四期"时代,纳税申报更加规范化和精细化,主要包括以下几个特征。

(1)数据自动采集:智能税务管理系统可以自动采集企业的财务、税务、劳动等相关数据,减少手动录入数据的错误和时间成本。

(2)规则引擎:系统内置规则引擎,能够自动检测企业的税务风险点,提供风险预警和管理建议。

(3)自动报税:根据企业的财务数据,智能税务管理系统能够自动计算税款,自动生成纳税申报表,大大减轻了企业在税务申报方面的负担。

(4)财务分析:系统可以对企业的财务数据进行分析,并提供财务报表和分析报告,帮助领导了解企业财务状况和趋势,做出更明智的经营决策。

(5)数据安全:智能税务管理系统可以对企业的财务数据进行加密和备份,保障企业的数据安全。

(6)云端服务:智能税务管理系统可以基于云计算技术提供服务,企业只需要通过网络连接即可使用系统,极大地降低了企业的IT投入和管理成本。

三、智能税务管理的作用

在"金税四期"时代,智能税务管理更加优惠和灵活,对于符合条件的企业,可以享受各种税收优惠政策,这些优惠政策对智能税务管理起到了辅助作用。智能税务管理的作用主要包括以下几个方面。

(1)提高税务管理效率:通过智能化技术实现自动化、智能化的税务管理流程,减少手工操作和纸质文件处理,提高税务工作效率。

(2)降低税务管理成本:智能税务管理可以节约人力成本,减少人为错误和失误,降低纳税人的纳税成本。

(3)加强税务监管:通过智能化监管实现对纳税人的实时监管和数据分析,以便及时发现和处理违法行为,提高税务监管效果。

(4)提高纳税人满意度:智能税务管理可以实现在线咨询、快速办理、自助服务等功能,方便纳税人的办税体验,提高纳税人满意度。

(5)促进税收稳定增长:智能税务管理可以减少漏税和逃税行为,增加税收收入,促进税收稳定增长,为国家经济发展做出贡献。

四、智能税务管理的优点

在"金税四期"时代,在大数据的推动下,智能税务管理越来越普遍。智能税务管理的产生为企业带来了很多便利,其优点主要包括以下几个方面。

(1)提高工作效率:智能税务管理系统可以自动化处理税务事务,减少人工干预,提高工作效率。

(2)降低运营成本:智能税务管理系统可以减少手动工作和人力资源,从而降低运营成本。

(3)提高税务准确性:智能税务管理系统的自动化功能可以减少错误发生的可能性,从而提高税务处理的准确性。

(4)提供数据分析:智能税务管理系统可以收集和分析大量数据,从而提供更准确的决策支持。

(5)提高客户服务质量:智能税务管理系统可以提高客户服务质量,通过自动处理税务事务,减少客户的等待时间,减少错误率。

(6)加强数据安全性:智能税务管理系统可以加密和保护敏感数据,防止数据泄露,避免出现信息安全问题。

(7)提高管理能力:智能税务管理系统可以提供实时监控和分析,从而提高管理能力和决策能力。

五、智能税务管理面临的机遇

在"金税四期"时代,智能税务已被企业认可,智能税务管理在未来发展中还存在很多的机遇,主要包括以下几个方面。

（1）自动化处理：随着技术的不断发展，智能税务管理可以自动处理大部分的税务事项，减少人工操作，提高效率，降低错误率。

（2）数据分析：智能税务管理可以对企业的财务数据进行分析和挖掘，发现企业的财务问题和风险，提供决策支持。

（3）个性化服务：智能税务管理可以根据企业的实际需求，提供个性化的服务和解决方案，满足企业的不同需求。

（4）降低成本：智能税务管理可以帮助企业降低税务处理的成本，提高效率，减少错误，降低税务风险。

（5）信息共享：智能税务管理可以实现税务部门和企业之间的信息共享，提高税务部门的监管能力，促进企业的合规经营。

六、智能税务管理面临的挑战

在"金税四期"时代，智能税务在面临机遇的同时面临着一定的挑战，主要包括以下几个方面。

（1）数据安全：智能税务管理需要大量的数据，但同时会面临数据泄露和数据安全的风险。

（2）技术难度：智能税务管理需要先进的技术支持，目前对技术还需要进一步研究和开发。

（3）法律法规：税务管理涉及许多法律法规和政策，需要智能税务管理系统能够适应不断变化的政策和法规。

（4）数据质量：智能税务管理系统需要处理大量的数据，如果数据质量不高，就可能会导致错误的决策。

（5）经验缺乏：智能税务管理系统需要具备丰富的经验和知识，但目前还存在专业人才缺乏的问题。

【技能强化】

一、单项选择题

1. 智能税务管理是一种利用（　　）对税务管理进行优化和智能化的方法。

A. 传统技术   B. 计算机技术

C. 专门技术   D. 人工智能技术

2. ( )可以提高税务部门的效率和准确性,减少重复性工作和错误的出现。

A. 智能会计管理
B. 智能财务共享平台

C. 智能财务管理
D. 智能税务管理

3. 智能税务管理系统可以对企业的财务数据进行加密和备份,保障企业的( )。

A. 数据安全
B. 电子安全

C. 数字安全
D. 系统案例

4. 智能税务管理可以节约人力成本,减少人为错误和失误,降低纳税人的( )。

A. 纳税成本
B. 财务成本

C. 利润成本
D. 人力成本

5. 智能税务管理系统可以提高( ),通过自动处理税务事务,减少客户的等待时间,减少错误率。

A. 客户服务质量
B. 工作效率

C. 运营成本
D. 数据安全

二、多项选择题

1. 智能税务管理的特征有( )。

A. 数据自动采集
B. 规则引擎

C. 自动报税
D. 财务分析

E. 数据安全
F. 云端服务

2. 智能税务管理的作用有( )。

A. 提高税务管理效率
B. 降低税务管理成本

C. 加强税务监管
D. 提高纳税人满意度

E. 促进税收稳定增长

3. 智能税务管理的优点有( )。

A. 提高工作效率
B. 降低运营成本

C. 提高税务准确性
D. 提供数据分析

4. 智能税务管理面临的机遇有( )。

A. 自动化处理
B. 数据分析

C. 个性化服务
D. 降低成本

E. 信息共享

5. 智能税务管理面临的挑战有（　　　）。

A. 数据安全   B. 技术难度

C. 法律法规   D. 数据质量

E. 经验缺乏

三、判断题

（　　）1. 智能税务管理不可以提高税务部门的效率和准确性。

（　　）2. 智能税务管理系统可以对企业的财务数据进行加密和备份，保障企业的数据安全。

（　　）3. 智能化的税务管理流程可以减少手工操作和纸质文件处理，提高税务工作效率。

（　　）4. 智能税务管理系统不可以减少手动工作和人力资源。

（　　）5. 智能税务管理可以根据企业的实际需求提供个性化的服务和解决方案，满足企业的不同需求。

模块二 主要税种纳税实务

【知识目标】

● 理解主要税种的基础知识;

● 掌握主要税种应纳税额的计算。

【能力目标】

● 能够将主要税种的基础知识与智能财税知识进行有机结合;

● 能通过主要税种应纳税额的计算进行日常业务计算与核算。

【素养目标】

● 培养学生严谨规范的职业素养;

● 提高学生的法律意识及社会责任感。

课题一 增值税纳税实务

一、增值税的概念

增值税是以商品(含应税劳务)在流转过程中产生的增值额为计税依据而征收的一种流转税。从计税原理上说,增值税是对商品生产、流通、劳务服务中多个环节的新增价值或商品的附加值征收的一种流转税。增值税实行价外征税,也就是由消费者负担,有增值才征税,没增值不征税。

二、增值税的纳税人

按照现行规定,凡在中华人民共和国境内销售货物或者加工、修理修配劳务,销售服务、无形资产、不动产以及进口货物的单位和个人,均为增值税的纳税人。增值税的纳税人分为小规模纳税人和一般纳税人两类。

(一)小规模纳税人

小规模纳税人是指年销售额在规定标准以下,并且会计核算不健全,不能按规定报送有关税务资料的增值税纳税人。所称会计核算不健全是指不能正确核算增值税的销项税额、进项税额和应纳税额。

小规模纳税人具体规定如下:

(1)年应税销售额或者营业额在500万元(含本数)以下的;

(2)视同小规模纳税人,主要包括年应税销售额超过小规模纳税人标准的其他个人、非企业性单位以及不经常发生应税行为的企业。

(二)一般纳税人

一般纳税人是指年应征增值税销售额(简称年应税销售额)超过财政部规定的小规模纳税人标准的企业和企业性单位。

三、增值税的征收范围

(一)增值税征收范围的一般规定

增值税征收范围包括销售货物或者加工、修理修配劳务,销售服务、无形资产、不动产以及进口货物。

1. 销售货物

货物是指有形动产,包括电力、热力和气体在内。销售货物是指有偿转让货物的所有权。"有偿"不仅指从购买方取得货币,还包括取得货物或其他经济利益。

2. 提供加工和修理修配劳务

加工是指受托加工货物,即委托方提供原料及主要材料,受托方按照委托方的要求,制造货物并收取加工费的业务。

修理修配是指受托对损伤和丧失功能的货物进行修复,使其恢复原状和功能的业务。

3. 销售服务

销售服务是指提供交通运输服务、邮政服务、电信服务、建筑服务、金融服务、现代服务、生活服务。

（1）交通运输服务。交通运输服务是指使用运输工具将货物或者旅客送达目的地，使其空间位置得到转移的业务活动。交通运输服务包括陆路运输、水路运输、航空运输和管道运输。

（2）邮政服务。邮政服务是指中国邮政集团有限公司及其所属邮政企业提供邮件寄递、邮政汇兑、机要通信等邮政基本服务的业务活动，包括邮政普遍服务、邮政特殊服务和其他邮政服务。

（3）电信服务。电信服务是指利用有线、无线的电磁系统或者光电系统等各种通信网络资源，提供语音通话服务，传送、发射、接收信息或者应用图像、短信等电子数据和信息的业务活动，包括基础电信服务和增值电信服务。

（4）建筑服务。建筑服务是指各类建筑物、构筑物及其附属设施的建造、修缮、装饰，线路、管道、设备、设施等的安装以及其他工程作业的业务活动，包括工程服务、安装服务、修缮服务、装饰服务和其他建筑服务。

（5）金融服务。金融服务是指经营金融保险的业务活动，包括贷款服务、直接收费金融服务、保险服务和金融商品转让。

（6）现代服务。现代服务是指围绕制造业、文化产业、现代物流产业等提供技术性、知识性服务的业务活动，包括研发和技术服务、信息技术服务、文化创意服务、物流辅助服务、租赁服务、鉴证咨询服务、广播影视服务、商务辅助服务和其他现代服务。

（7）生活服务。生活服务是指为满足城乡居民日常生活需求提供的各类服务活动，包括文化体育服务、教育医疗服务、旅游娱乐服务、餐饮住宿服务、居民日常服务和其他生活服务。

4. 销售无形资产

销售无形资产是指转让无形资产所有权或者使用权的业务活动。无形资产是指不具实物形态，但能带来经济利益的资产，包括技术、商标、著作权、商誉、自然资源使用权和其他权益性无形资产。

其他权益性无形资产包括基础设施资产经营权、公共事业特许权、配额、经营权（包括特许经营权、连锁经营权、其他经营权）、经销权、分销权、代理权、会员权、席位权、网络游戏虚拟道具、域名、名称权、肖像权、冠名权、转会费等。

5. 销售不动产

销售不动产是指转让不动产所有权的业务活动。不动产是指不能移动或者移动后会引起性质、形状改变的财产,包括建筑物、构筑物等。

转让建筑物有限产权或者永久使用权的,转让在建的建筑物或者构筑物所有权的,以及在转让建筑物或者构筑物时一并转让其所占土地的使用权的,按照销售不动产缴纳增值税。

6. 进口货物

进口货物是指申报进入我国海关境内的货物。确定一项货物是否属于进口货物,必须看其是否办理了报关进口手续。通常境外产品要输入境内,必须向我国海关申报进口,并办理有关报关手续。只要是报关进口的应税货物,不论是国外产制还是我国已出口而转销国内的货物,不论是进口者自行采购还是国外捐赠的货物,不论是进口者自用还是作为贸易或其他用途等,均应按照规定缴纳进口环节的增值税。

(二)增值税征收范围的特殊规定

1. 视同销售货物

单位或个体工商户的下列行为,视同销售货物:

(1)将货物交付其他单位或者个人代销;

(2)销售代销货物;

(3)设有两个以上机构并实行统一核算的纳税人,将货物从一个机构移送其他机构用于销售,但相关机构设在同一县(市)的除外;

(4)将自产或委托加工的货物用于非增值税应税项目;

(5)将自产、委托加工的货物用于集体福利或个人消费;

(6)将自产、委托加工或购进的货物作为投资,提供给其他单位或个体工商户;

(7)将自产、委托加工或购进的货物分配给股东或投资者;

(8)将自产、委托加工或购进的货物无偿赠送其他单位或个人。

2. 视同销售服务、无形资产、不动产

下列情形视同销售服务、无形资产、不动产:

(1)单位或者个体工商户向其他单位或者个人无偿提供服务,但用于公益事业或者以社会公众为对象的除外;

(2)单位或者个人向其他单位或者个人无偿转让无形资产或者不动产,但用于公益事业或者以社会公众为对象的除外;

(3)财政部和国家税务总局规定的其他情形。

3. 混合销售

一项销售行为如果既涉及货物又涉及服务，为混合销售。

从事货物的生产、批发或者零售的单位和个体工商户的混合销售行为按照销售货物缴纳增值税。

其他单位和个体工商户的混合销售行为按照销售服务缴纳增值税。

上述从事货物的生产、批发或者零售的单位和个体工商户包括以从事货物的生产、批发或者零售为主，并兼营销售服务的单位和个体工商户在内。

4. 兼营

兼营是指纳税人的经营范围既包括销售货物和应税劳务，又包括销售服务、无形资产、不动产。与混合销售行为不同的是，兼营是指销售货物、应税劳务、服务、无形资产、不动产不同时发生在同一购买者身上，也不发生在同一项销售行为中。

纳税人销售货物或者加工、修理修配劳务，销售服务、无形资产、不动产适用不同税率或者征收率的，应当分别核算适用不同税率或者征收率的销售额，未分别核算销售额的，按照以下方法适用税率或者征收率。

(1)兼有不同税率的销售货物或加工、修理修配劳务，销售服务、无形资产、不动产，从高适用税率。

(2)兼有不同征收率的销售货物或加工、修理修配劳务，销售服务、无形资产、不动产，从高适用征收率。

(3)兼有不同税率和征收率的销售货物或加工、修理修配劳务，销售服务、无形资产、不动产，从高适用税率。

四、增值税的税率与征收率

(一)税率

1. 基本税率

增值税的基本税率为 13%，适用于纳税人销售或者进口货物，提供加工、修理修配劳务，以及有形动产租赁服务。

2. 低税率

低税率分以下两档。

(1)9%。纳税人销售或者进口下列货物，税率为 9%：农产品(含粮食)、自来水、暖气、石油液化气、天然气、食用植物油、冷气、热水、煤气、居民用煤炭制品、食用盐、农机、饲料、农药、农膜、化肥、沼气、二甲醚、图书、报纸、杂志、音像制品、电子出版物等。

提供交通运输、邮政、基础电信、建筑、不动产租赁服务,销售不动产,转让土地使用权,税率为 9%。

(2)6%。纳税人销售增值电信服务、金融服务、现代服务(不动产租赁除外)和生活服务,销售无形资产(转让土地使用权除外),税率为 6%。

3. 零税率

出口货物、劳务或者境内单位和个人发生跨境应税行为,税率为零,具体范围由财政部和国家税务总局另行规定。

(二)征收率

由于小规模纳税人会计核算不健全,无法准确核算进项税额和销项税额,在增值税征收管理中,采用简便方式,按其销售额与规定的征收率计算缴纳增值税,不准许抵扣进项税,也不允许自行开具增值税专用发票。小规模纳税人增值税征收率为 3%。

五、增值税的税收优惠

(一)法定减免

(1)销售自产农产品。农业生产者销售的自产农产品免征增值税,包括制种、"公司+农户"经营模式的畜禽饲养。

(2)避孕药品和用具。

(3)古旧图书。

(4)直接用于科学研究、科学试验和教学的进口仪器、设备。

(5)外国政府、国际组织无偿援助的进口物资和设备。

(6)由残疾人的组织直接进口供残疾人专用的物品。

(7)销售自己使用过的物品。

(二)粮食和食用植物油

(1)对承担粮食收储任务的国有粮食购销企业销售的粮食免征增值税。除经营军队用粮、救灾救济粮、水库移民口粮之外,其他粮食企业经营粮食一律征收增值税。

(2)自2014年5月1日起,上述增值税免税政策适用范围由粮食扩大到粮食和大豆,并可对免税业务开具增值税专用发票。

(三)饲料

免征增值税饲料产品的范围包括单一大宗饲料、混合饲料、配合饲料、复合预混料、浓缩饲料。

宠物饲料不属于免征增值税的饲料。

(四)其他优惠

1. 免征增值税的项目

(1)托儿所、幼儿园提供的保育和教育服务。

(2)养老机构提供的养老服务。

(3)残疾人福利机构提供的育养服务。

(4)婚姻介绍服务。

(5)殡葬服务。

(6)残疾人员本人为社会提供的服务。

(7)医疗机构提供的医疗服务。

(8)从事学历教育的学校提供的教育服务。

(9)学生勤工俭学提供的服务。

(10)农业机耕、排灌、病虫害防治、植物保护、农牧保险以及相关技术培训业务,家禽、牲畜、水生动物的配种和疾病防治。

(11)纪念馆、博物馆、文化馆、文物保护单位管理机构、美术馆、展览馆、书画院、图书馆,在自己的场所提供文化体育服务取得的第一道门票收入。

(12)寺院、宫观、清真寺和教堂举办文化、宗教活动的门票收入。

(13)行政单位之外的其他单位收取的符合规定条件的政府性基金和行政事业性收费。

(14)个人转让著作权。

(15)个人销售自建自用住房。

(16)公共租赁住房经营管理单位出租公租住房。

(17)下列利息收入:国家助学贷款;国债、地方政府债;人民银行对金融机构的贷款;住房公积金管理中心用住房公积金在指定的委托银行发放的个人住房贷款等。

(18)保险公司开办的一年期以上人身保险产品取得的保费收入。

(19)下列金融商品转让收入：

① 合格境外投资者委托境内公司在我国从事证券买卖业务；

② 香港市场投资者(包括单位和个人)通过沪港通买卖上海证券交易所上市A股；

③ 香港市场投资者(包括单位和个人)通过基金互认买卖大陆基金份额；

④ 个人从事金融商品转让业务。

(20)金融同业往来利息收入：

① 金融机构与人民银行所发生的资金往来业务,包括人民银行对一般金融机构贷款以及人民银行对商业银行的再贴现等；

② 银行联行往来业务；

③ 金融机构间的资金往来业务；

④ 金融机构之间开展的转贴现业务。

(21)纳税人提供技术转让、技术开发和与之相关的技术咨询、技术服务。

(22)科普单位的门票收入,县级及以上党政部门和科协开展科普活动的门票收入。

(23)政府举办的从事学历教育的高等、中等和初等学校(不含下属单位)举办进修班、培训班取得的全部归该学校所有的收入。

(24)政府举办的职业学校设立的主要为在校学生提供实习场所、由学校出资自办、由学校负责经营管理、经营收入归学校所有的企业,从事"现代服务"(不含融资租赁服务、广告服务和其他现代服务)、"生活服务"(不含文化体育服务、其他生活服务和桑拿、氧吧)业务活动取得的收入。

(25)家政服务企业由员工制家政服务员提供家政服务取得的收入。

(26)福利彩票、体育彩票的发行收入。

(27)军队空余房产租赁收入。

(28)为了配合国家住房制度改革,企业、行政事业单位按房改成本价、标准价出售住房取得的收入。

(29)将土地使用权转让给农业生产者用于农业生产。

(30)涉及家庭财产分割的个人无偿转让不动产、土地使用权。

家庭财产分割包括下列情形:离婚财产分割;无偿赠予配偶、父母、子女、祖父母、外祖父母、孙子女、外孙子女、兄弟姐妹;无偿赠予对其承担直接抚养或者赡养义务的抚养人或者赡养人；房屋产权所有人死亡，法定继承人、遗嘱继承人或者受遗赠人依法取得房屋产权。

2. 增值税即征即退

下列实际税负超过 3% 的部分实行增值税即征即退：

（1）营改增一般纳税人提供管道运输服务；

（2）经中国人民银行或者商务部批准从事融资租赁业务的试点纳税人中的一般纳税人，提供有形动产融资租赁服务。

3. 扣减增值税规定

（1）退役士兵创业就业。

（2）重点群体创业就业（社保机构登记失业半年以上的人员；零就业家庭、享受城市居民最低生活保障家庭劳动年龄内的登记失业人员；毕业年度内高校毕业生）。

优惠政策：对上述人员从事个体经营的，在 3 年内按每户每年 8000 元为限额，依次扣减其当年实际应缴纳的增值税、城市维护建设税、教育费附加、地方教育附加和个人所得税。限额标准最高可上浮 20%。

4. 起征点

对个人销售额未达到起征点的，免征增值税，起征点的适用范围仅限于个人，不包括认定为一般纳税人的个体工商户。

（1）按期纳税的，为月销售额 5000~20000 元。

（2）按次纳税的，为每次（日）销售额 300~500 元。

5. 对小微企业免征增值税的规定

增值税小规模纳税人应分别核算销售货物或者加工、修理修配劳务的销售额和销售服务、无形资产的销售额。小规模纳税人发生增值税销售行为，合计月销售额超过 10 万元，但扣除本期发生的销售不动产的销售额后未超过 10 万元的，其销售货物、劳务、服务、无形资产取得的销售额免征增值税。

纳税人兼营免税、减税项目的，应当分别核算免税、减税项目的销售额；未分别核算的，不得免税、减税。

六、增值税的征收管理

(一)纳税义务发生时间

纳税义务发生时间是税法规定的纳税人必须承担的纳税义务的法定时间，具体规定如下。

(1)采取直接收款方式销售货物,不论货物是否发出,均为收到销售额或取得索取销售额的凭据的当天。

(2)采取托收承付和委托银行收款方式销售货物,为发出货物并办妥托收手续的当天。

(3)采取赊销和分期收款方式销售货物,为书面合同约定的收款日期的当天。无书面合同的或者书面合同没有约定收款日期的,为货物发出的当天。

(4)采取预收货款方式销售货物,为货物发出的当天,但生产销售、生产工期超过 12 个月的大型机械设备、船舶、飞机等货物,为收到预收款或者书面合同约定的收款日期的当天。

(5)委托其他纳税人代销货物,为收到代销单位销售的代销清单或者收到全部或部分货款的当天;未收到代销清单及货款的,其纳税义务发生时间为发出代销货物满 180 天的当天。

(6)发生视同销售货物行为,为货物移送的当天。

(7)提供应税劳务、应税服务,为提供劳务同时收讫销售款或取得索取销售款的凭据的当天。

(8)纳税人提供建筑服务、租赁服务采取预收款方式的,其纳税义务发生时间为收到预收款的当天。

(9)纳税人发生视同销售服务、无形资产或者不动产情形的,其纳税义务发生时间为服务、无形资产转让完成的当天或者不动产权属变更的当天。

(二)纳税期限

纳税人发生增值税纳税义务后,应在规定的期限内缴纳税款。增值税的纳税期限分别为 1 日、3 日、5 日、10 日、15 日、1 个月或者 1 个季度。纳税人的具体纳税期限,由主管税务机关根据纳税人应纳税额的大小分别核定;不能按照固定期限纳税的,可以按次纳税。

纳税人以 1 个月或者 1 个季度为 1 个纳税期的,自期满之日起 15 日内申报纳税;以 1 日、3 日、5 日、10 日或者 15 日为 1 个纳税期的,自期满之日起 5 日内预缴税款,于次月 1 日起 15 日内申报纳税并结清上月应纳税款。

(三)纳税地点

根据增值税纳税地点的相关规定,增值税纳税地点:固定业户的纳税地点一般为机构所在地。总、分机构不在同一县(市)的,应当分别向各自所在地的主管税务机关申报纳税;经批准可由总机构汇总纳税的,向总机构所在地的主管税务机关申报纳税。到外县(市)销售货物或者提供应税劳务,向机构所在地的主管税务机关申请开具"外管证",并向其机构所在地的主管税务机关申报纳税。非固定业户增值税纳税地点为销售地或应税行为发生地。进口货物向报关地海关申报纳税。扣缴义务人向其机构所在地或者居住地的主管税务机关申报缴纳其扣缴的税款。

七、增值税的计税方法

增值税的计税方法包括一般计税方法、简易计税方法,不同类型的纳税人所选用的计税方法不同。

(一)一般计税方法

一般纳税人销售货物或者加工、修理修配劳务,销售服务、无形资产、不动产适用一般计税方法计税,计算公式如下:

$$当期应纳增值税额=当期销项税额-当期进项税额$$

一般纳税人提供财政部和国家税务总局规定的特定应税行为,可以选择适用简易计税方法计税,但一经选择,36 个月内不得变更。

(二)简易计税方法

小规模纳税人提供应税服务、一般纳税人提供符合规定的特定应税行为适用简易计税方法计税,计算公式如下:

$$当期应纳增值税额=当期销售额×征收率$$

八、应纳增值税的计算

(一)增值税销项税额的计算

一般纳税人销售货物或者加工、修理修配劳务,销售服务、无形资产、不动产,按照销售额和税法规定的税率计算并向购买方收取的增值税额,称为销项税额。销项税额的计算公式如下:

$$当期销项税额=当期销售额(不含税)×适用税率$$

若销售额为含增值税的销售额,应当进行价税分离:

$$当期销项税额=当期销售额(含税)÷(1+适用税率)×适用税率$$

知识链接

不含税销售额＝含税销售额÷(1＋适用税率)

【例2-1-1】 安亚公司向大鹏机械公司出售一批钢材,出厂价格为1000万元(不含税),增值税适用税率为13%,计算安亚公司应当向大鹏机械公司收取的销项税额。

【解析】

销项税额＝1000万元×13%＝130(万元)

1. 销售额的一般规定

由于销项税额＝销售额(不含税)×税率,在税率一定的情况下,计算销项税额的关键在于正确、合理地确定销售额。

销售额包括增值税纳税人当期销售货物、应税劳务从购买方取得的全部价款和价外费用。具体来说,应税销售额包括以下内容。

(1)销售货物或提供应税劳务的全部价款。

(2)向购买方收取的各种价外费用(一般情况下,价外费用都是含税的)。具体包括手续费、补贴、基金、集资费、返还利润、奖励费、违约金、延期支付利息、包装费、包装物租金、储备费、优质费、运输装卸费、代收款项和代垫款项等费用,但下列项目不包括在内。

① 受托加工应征消费税的消费品所代收代缴的消费税。

② 同时符合以下条件的代垫运输费用:

a. 承运部门的运输费用发票开具给购买方的;

b. 纳税人将该项发票转交给购买方的。

③ 同时符合以下条件代为收取的政府性基金或者行政事业性收费:

a. 由国务院或者财政部批准设立的政府性基金,由国务院或者省级人民政府及其财政、价格主管部门批准设立的行政事业性收费;

b. 收取时开具省级以上财政部门印制的财政票据;

c. 所收款项全额上缴财政。

④ 销售货物的同时代办保险等而向购买方收取的保险费,以及向购买方收取的代购买方缴纳的车辆购置税、车辆牌照费。

（3）消费税税金。由于消费税属于价内税，因此，凡征收消费税的货物在计征增值税税额时，其应税销售额应包括消费税税金。

2. 特殊销售方式的销售额

（1）以折扣方式销售货物。折扣销售是指销售方在销售货物、提供应税劳务，销售服务、无形资产、不动产时，因购买方需求量大等原因而给予的价格方面的优惠。按照现行税法规定，纳税人采取折扣方式销售货物，如果销售额和折扣额在同一张发票上分别注明，可以按折扣后的销售额征收增值税。销售额和折扣额在同一张发票上分别注明是指销售额和折扣额在同一张发票上的"金额"栏分别注明，未在同一张发票"金额"栏注明折扣额，而仅在发票的"备注"栏注明折扣额的，折扣额不得从销售额中减除。如果将折扣额另开发票，不论其在财务上如何处理，均不得从销售额中减除折扣额。

在这里应该注意以下两点：一是税法中所指的折扣销售有别于现金折扣。现金折扣通常是为了鼓励购货方及时偿还货款而给予的折扣优待，现金折扣发生在销货之后，而折扣销售则是与实现销售同时发生的，现金折扣不得从销售额中减除。二是销售折扣与销售折让是不同的。销售折让通常是指由于货物的品种或质量等原因引起销售额的减少，即销货方给予购货方未予退货状况下的价格折让。销售折让可以通过开具红字增值税专用发票从销售额中减除，未按规定开具红字增值税专用发票的，不得扣减销项税额或销售额。

【例2-1-2】　安亚公司本月销售一批商品给某专卖店，由于货款回笼及时，根据合同规定，给予专卖店2%的折扣，实际取得不含税销售额245万元，计算销项税额。

【解析】

$$计税销售额＝245÷98\%＝250（万元）$$

$$销项税额＝250×13\%＝32.5（万元）$$

（2）以旧换新方式销售货物。以旧换新销售是纳税人在销售过程中，折价收回同类旧货物，并以折价款部分冲减货物价款的一种销售方式。税法规定，纳税人采取以旧换新方式销售货物的（金银首饰除外），应按新货物的同期销售价格确定销售额。

【例2-1-3】　某商业零售企业为增值税一般纳税人，采用以旧换新方式销售玉石首饰,旧玉石首饰作价 78 万元,实际收取新旧首饰差价款共计 90 万元;采取以旧换新方式销售原价为 3500 元的金项链 200 件,每件收取差价款 1500 元,计算销项税额。

【解析】

销项税额＝(78＋90＋200×1500÷10000)÷(1＋13％)×13％≈22.78(万元)

(3)还本销售方式销售货物。所谓还本销售,指销货方将货物出售之后,按约定的时间,一次或分次将购货款部分或全部退还给购货方,退还的货款即为还本支出。纳税人采取还本销售货物的,不得从销售额中减除还本支出。

(4)采取以物易物方式销售。以物易物是一种较为特殊的购销活动,是指购销双方不是以货币结算,而是以同等价款的货物相互结算,实现货物购销。在实际工作中,有的纳税人认为以物易物不是购销行为,销货方收到购货方抵顶货物的货物,认为自己不是购物,购货方发出抵顶货款的货物,认为自己不是销货。这两种认识都是错误的。正确的方法:以物易物双方都应作购销处理,以各自发出的货物核算销售额并计算销项税额,以各自收到的货物核算购货及进项税额。需要强调的是,在以物易物活动中,双方应各自开具合法的票据,必须计算销项税额,但如果收到货物不能取得相应的增值税专用发票或者其他增值税扣税凭证,不得抵扣进项税额。

(5)包装物押金的计税问题。

① 单独计价的包装物押金。

a. 纳税人为销售货物而出租出借包装物收取的押金,单独记账核算的,时间在 1 年内,又未过期的,不并入销售额征税。

b. 对收取的包装物押金,逾期(超过 12 个月)并入销售额征税:

应纳增值税＝逾期押金÷(1＋税率)×税率

(注:该税率按包装物所包装的物品确定,即与被包装物税率一致,押金视为含增值税收入并入销售额征税时要换算为不含税销售额)

c. 酒类产品包装物押金:对销售除啤酒、黄酒外的其他酒类产品收取的包装物押金,无论是否返还以及会计上如何核算,均应并入当期销售额征税。啤酒、黄酒押金按是否逾期处理。

② 非单独计价的包装物押金。

按整体售价确认销项税,税率按包装物所包装的物品确定。

需要注意的是,包装物租金为价外收入,在并入销售额征税时,应将其换算成不含税收入再并入销售额征税。

【例 2－1－4】　某啤酒厂为增值税一般纳税人,8 月销售啤酒取得销售额 800 万元,已开具增值税专用发票,收取包装物押金 23.2 万元,本月逾期未退还包装物押金 58 万元。计算 8 月该啤酒厂增值税销项税额。

【解析】

$$销项税额＝800×13\%＋58÷(1＋13\%)×13\%≈110.67(万元)$$

提示:啤酒包装物押金在逾期时才缴纳增值税。

3. 视同销售行为销售额的确定

视同销售行为是增值税税法规定的特殊销售行为。由于视同销售行为一般不以资金形式反映出来,因而会出现视同销售而无销售额的情况。另外,有时纳税人销售货物或提供应税劳务的价格明显偏低且无正当理由。在上述情况下,主管税务机关有权按照下列顺序核定其计税销售额。

(1)按纳税人最近时期同类货物、服务、无形资产或者不动产的平均销售价格确定。

(2)按其他纳税人最近时期同类货物、服务、无形资产或者不动产的平均销售价格确定。

(3)用以上两种方法均不能确定其销售额的情况下,可按组成计税价格确定销售额。计算公式如下:

$$组成计税价格＝成本×(1＋成本利润率)$$

属于应征消费税的货物,其组成计税价格应加计消费税税额。计算公式如下:

$$组成计税价格＝成本×(1＋成本利润率)＋消费税税额$$

或

$$组成计税价格＝成本×(1＋成本利润率)÷(1－消费税税率)$$

式中,"成本"分为两种情况:属于销售自产货物的为实际生产成本;属于销售外购货物的为实际采购成本。"成本利润率"为 10%。但属于应从价定率征收消费税的货物,其组成计税价格公式中的成本利润率为《消费税若干具体问题的规定》中规定的成本利润率。

【例2－1－5】 安亚公司(一般纳税人)研制了一种新型食品,为了进行市场推广和宣传,无偿赠送200件给消费者品尝,该食品无同类产品市场价,生产成本为600元/件,成本利润率为10%。计算销项税额。

【解析】

$$销项税额＝200×600×(1＋10\%)×13\%＝17160(元)$$

(二)增值税进项税额的计算

进项税额是指纳税人购进货物或者加工、修理修配劳务,购进服务、无形资产、不动产,支付或者负担的增值税额。

1. 准予从销项税额中抵扣的进项税额

(1)从销售方取得的增值税专用发票(含税控机动车销售统一发票)上注明的增值税额。

(2)从海关取得的海关进口增值税专用缴款书上注明的增值税额。

(3)购进农产品,除取得增值税专用发票或者海关进口的增值税专用缴款书外,按照农产品收购发票或者销售发票上注明的农产品买价和9%的扣除率计算进项税额,国务院另有规定的除外。进项税额的计算公式:

$$进项税额＝买价×扣除率$$

(4)从境外单位或个人购进劳务、服务、无形资产或者境内的不动产,从税务机关或者扣缴义务人取得的代扣代缴税款的完税凭证上注明的增值税额。

2. 不得从销项税额中抵扣的进项税额

纳税人取得的增值税扣税凭证不符合法律、行政法规或者国家税务总局有关规定的,其进项税额不得从销项税额中抵扣。

下列项目的进项税额不得从销项税额中抵扣。

(1)用于简易计税方法计税项目、免征增值税项目、集体福利或者个人消费的购进货物、劳务、服务、无形资产和不动产。

(2)非正常损失的购进货物,以及相关的劳务和交通运输服务。

> **知识链接**
>
> 非正常损失是指由于管理不善造成的霉烂、丢失、被盗、毁损等。

（3）非正常损失的在产品、产成品所耗用的购进货物（不包括固定资产）、劳务和交通运输服务。

（4）非正常损失的不动产以及该不动产所耗用的购进货物、设计服务和建筑服务。

（5）非正常损失的不动产在建工程所耗用的购进货物、设计服务和建筑服务。纳税人新建、改建、扩建、修缮、装饰不动产，均属于不动产在建工程。

（6）购进的贷款服务、餐饮服务、居民日常服务和娱乐服务。

（7）财政部和国家税务总局规定的其他情形。

本条第（4）项、第（5）项所称货物，是指构成不动产实体的材料和设备，包括建筑装饰材料和给排水、采暖、卫生、通风、照明、通信、煤气、消防、中央空调、电梯、电气、智能化楼宇设备及配套设施。

【例 2-1-6】　达丰企业 2018 年 12 月外购原材料，取得防伪税控增值税专用发票，注明金额 200 万元、增值税 26 万元，运输途中发生损失 5％，经查实属于非正常损失。计算准予抵扣的进项税额。

【解析】

$$准予抵扣的进项税额 = 26×(1-5\%) = 24.7（万元）$$

【例 2-1-7】　某高档化妆品厂为增值税一般纳税人，2018 年 10 月产品、材料领用情况如下：在建的职工文体中心领用外购材料，购进成本 25 万元，其中包括运费 5 万元。计算进项税额转出。

【解析】

将购进材料用于集体福利，不可以抵扣进项税额。

$$进项税额转出 = (25-5)×13\% + 5×9\% = 3.05（万元）$$

(三)简易征收计税方法应纳税额的计算

增值税小规模纳税人以及一般纳税人发生特殊业务，按简易计税方法计算应纳税额。例如，一般纳税人提供的公共交通服务、电影放映服务、仓储服务等均可以选择简易计税方法计税。但一经选择，36 个月内不得变更。

实行增值税的简易征收办法，按销售额和征收率计算应纳税额，不得抵扣进项税额。应纳税额的计算公式：

$$应纳税额 = (不含税)销售额×征收率$$

$$（不含税）销售额＝含税销售额÷（1＋征收率）$$

【例2-1-8】 新口味食品厂为增值税小规模纳税人,2019年第三季度购进一批模具,取得的增值税普通发票注明金额4000元;以赊销方式销售一批饼干,货已发出,开具了增值税普通发票,金额价税合计120000元,截至当月底收到100000元货款。计算本期该食品厂应纳增值税额。

【解析】

$$增值税额＝120000÷（1＋3\%）×3\%≈3495.15（元）$$

【技能强化】

一、单项选择题

1. 下列各项属于消费型增值税特征的是( )。

A. 允许一次性全部扣除外购固定资产所含的增值税

B. 允许扣除外购固定资产计入产品价值的折旧部分所含的增值税

C. 不允许扣除任何外购固定资产的价款

D. 上述说法都不正确

2. 下列各项不属于现行增值税税率的是( )。

A. 13%   B. 9%   C. 6%   D. 5%

3. 依据税法等法律制度的规定,小规模纳税人增值税的征收率是( )。

A. 3%   B. 13%   C. 11%   D. 6%

4. 一般纳税人增值税应纳增值税额的计算方法是( )。

A. 当期应纳增值税额＝当期销项税额－当期进项税额

B. 当期应纳增值税额＝当期销售额×征收率

C. 当期应纳增值税额＝当期销售额×13%

D. 当期应纳增值税额＝当期销售额÷（1＋13%）×13%

5. 下列各项不属于视同销售行为的是( )。

A. 将购买的货物作为投资提供给其他单位或个体经营者

B. 自产的货物发生非正常损失

C. 将购买的货物分配给股东或投资者

D. 将购买的货物无偿赠送他人

二、多项选择题

1. 根据增值税法律制度规定,下列各项属于增值税增收范围的有(　　　)。

A. 进口货物　　　　　　　　　B. 出售自用房屋

C. 汽车修理　　　　　　　　　D. 服装加工

2. 下列各项属于视同销售货物,应征收增值税的是(　　　)。

A. 某商场为饮料厂代销饮料

B. 某企业将自产的货物用于职工内部食堂

C. 某食品厂将自产的食品捐赠给福利院

D. 某企业将外购的原材料用于基建工程

3. 根据增值税有关规定,下列产品使用 9% 的税率的有(　　　)。

A. 农机配件　　　B. 自来水　　　C. 饲料　　　　D. 企业用煤炭

4. 增值税的纳税期分为(　　　)。

A. 5 日　　　　　B. 10 日　　　　C. 1 个月　　　　D. 1 个季度

5. 增值税发票按用途不同,可分为(　　　)。

A. 增值税专用发票　　　　　　　B. 增值税普通发票

C. 专业发票　　　　　　　　　　D. 专用发票

三、判断题

(　　　)1. 我国现行增值税属于消费型增值税。

(　　　)2. 将货物交付其他单位或者个人代销,属于视同销售货物。

(　　　)3. 粮食等农产品、食用植物油、食用盐适用 6% 的税率。

(　　　)4. 从销售方取得的增值税专用发票注明的增值税额不可以抵扣。

(　　　)5. 增值税计税方法一经确定,36 个月内不得变更。

课题二　消费税纳税实务

一、消费税的概念

消费税是对我国境内从事生产、委托加工和进口应税消

【微课】
消费税概述

费品的单位和个人,对特定的消费品和消费行为在特定的环节征收的一种流转税。消费税税收负担具有转嫁性。消费税是价内税,是价格的组成部分。消费税征税环节具有单一性。

二、消费税的纳税人

消费税的纳税人是在我国境内生产、委托加工和进口应税消费品的单位和个人,以及国务院确定的销售应税消费品的其他单位和个人。

"单位"包括企业、行政单位、事业单位、军事单位、社会团体及其他单位。

"个人"是指个体工商户及其他个人。

"境内"是指生产、委托加工和进口应税消费品的起运地或所在地在境内。

三、消费税的征税范围

(一)生产应税消费品

(1)纳税人生产的应税消费品,于纳税人销售时纳税。

(2)纳税人自产自用的应税消费品:

① 用于连续生产应税消费品,不纳税;

② 用于其他方面的,移送使用时纳税。

(二)委托加工应税消费品

委托加工的应税消费品,是指由委托方提供原料和主要材料,受托方只收取加工费和代垫部分辅助材料加工的应税消费品。

【注意】 对于由受托方提供原材料生产的应税消费品,或者受托方先将原材料卖给委托方,然后再接受加工的应税消费品,以及由受托方以委托方名义购进原材料生产的应税消费品,不论在财务上是否作为销售处理,都不得作为委托加工应税消费品,而应当按照销售自制应税消费品缴纳消费税。

(1)委托加工的应税消费品,除受托方为个人外,由受托方在向委托方交货时代收代缴消费税款。

【注意】 委托个人加工的应税消费品,由委托方收回后缴纳消费税。委托加工的应税消费品,委托方用于连续生产应税消费品的,所纳税款准予按规定抵扣。

(2)委托方将收回的应税消费品出售:

① 以不高于受托方的计税价格出售的,为直接出售,不再缴纳消费税;

② 委托方以高于受托方的计税价格出售的,不属于直接出售,需按照规定申报缴纳消费税,在计税时准予扣除受托方已代收代缴的消费税。

(三)进口应税消费品

进口的应税消费品,报关进口时纳税,由海关代征。

(四)零售应税消费品

1. 商业零售金银首饰

(1)金银首饰、铂金首饰和钻石及其饰品,在零售环节征收消费税,生产环节不纳税。

【注意】 仅限于金,银,金基、银基合金首饰,金基、银基合金的镶嵌首饰,不包括镀金首饰和包金首饰。其他珠宝首饰或珠宝玉石仍在生产环节(进口环节、加工收回环节)征税,如商场销售珠宝玉石,不缴纳消费税。商场销售金银首饰,缴纳消费税。

对既销售金银首饰又销售非金银首饰的生产、经营单位,应分别核算销售额。不能分别核算的,在生产环节销售的,一律从高适用税率;在零售环节销售的,一律按金银首饰征收消费税。

金银首饰连同包装物一起销售的,无论包装物是否单独计价,也无论会计上如何核算,均应并入金银首饰的销售额,计算消费税。

(2)视同零售业在零售环节纳税。

① 为经营单位以外的单位和个人加工金银首饰(包括带料加工、翻新改制、以旧换新等,不包括修理和清洗)。

② 经营单位将金银首饰用于馈赠、赞助、集资、广告样品、职工福利、奖励等方面。

③ 未经中国人民银行批准,经营金银首饰批发业务的单位将金银首饰销售给经营单位。

2. 零售超豪华小汽车

自 2016 年 12 月 1 日起,对超豪华小汽车,在生产(进口)环节按现行税率征收消费税基础上,在零售环节加征消费税,将超豪华小汽车销售给消费者的单位和个人为超豪华小汽车零售环节纳税人。

(五)批发销售卷烟

(1)自 2015 年 5 月 10 日起,将卷烟批发环节(批发企业销售给零售企业)从价税税率由 5％提高到 11％,并按 0.005 元/支加征从量税。

(2)烟草批发企业将卷烟销售给其他烟草批发企业的,不缴纳消费税。

(3)卷烟消费税改为在生产和批发两个环节征收后,批发企业在计算应纳税额时,不得扣除已含的生产环节的消费税额。

【注意】

(1)只有卷烟在生产环节、批发环节征收两次消费税。其他应税消费品只征一次消费税,如金银、钻石首饰在零售环节征税,生产加工环节不征税,珠宝玉石在生产环节征税,零售环节不征税。

(2)纳税人兼营卷烟批发和零售业务的,应当分别核算批发和零售环节的销售额、销售数量;未分别核算批发和零售环节销售额、销售数量的,按照全部销售额、销售数量计征批发环节消费税。

四、消费税的税目与税率

(一)消费税的税目

消费税的征收范围比较狭窄,同时会根据经济发展、环境保护等国家大政方针进行修订。依据《中华人民共和国消费税暂行条例》(简称《消费税暂行条例》)及相关规定,目前消费税税目共有 15 个:烟;酒;高档化妆品;贵重首饰及珠宝玉石;鞭炮、焰火;成品油;摩托车;小汽车;高尔夫球及球具;高档手表;游艇;木制一次性筷子;实木地板;电池;涂料。其中,有些包含若干子目。

(二)消费税的税率

消费税采用比例税率与定额税率两种形式,以适应不同应税消费品的实际情况。

(1)比例税率:多数应税消费品。

(2)定额税率:黄酒、啤酒、成品油。

知识链接

成品油包括汽油、柴油、航空煤油、石脑油、溶剂油、润滑油、燃料油。

（3）同时适用比例税率和定额税率：卷烟、白酒。

消费税根据不同的税目或子目确定相应的税率或单位税额，消费税具体的税目与税率见表 2-2-1 所列。

表 2-2-1　消费税具体的税目与税率

税　目	税　率
一、烟	
1. 卷烟	
（1）甲类卷烟［调拨价 70 元（不含增值税）/条以上（含 70 元）］	56％加 0.003 元/支（生产环节）
（2）乙类卷烟［调拨价 70 元（不含增值税）/条以下］	36％加 0.003 元/支（生产环节）
（3）批发环节	11％加 0.005 元/支（批发环节）
2. 雪茄烟	36％（生产环节）
3. 烟丝	30％（生产环节）
二、酒	
1. 白酒	20％加 0.5 元/500 克（或者 500 毫升）
2. 黄酒	240 元/吨
3. 啤酒	
（1）甲类啤酒	250 元/吨
（2）乙类啤酒	220 元/吨
4. 其他酒	10％
三、高档化妆品	15％
四、贵重首饰及珠宝玉石	
1. 金银首饰、铂金首饰和钻石及其饰品	5％
2. 其他贵重首饰和珠宝玉石	10％
五、鞭炮、焰火	15％
六、成品油	
1. 汽油	1.52 元/升
2. 柴油	1.20 元/升
3. 航空煤油	1.20 元/升
4. 石脑油	1.52 元/升
5. 溶剂油	1.52 元/升

（续表）

税　目	税　率
6. 润滑油	1.52 元/升
7. 燃料油	1.20 元/升
七、摩托车	
1. 气缸容量（排气量，下同）在 250 毫升（含 250 毫升）以下的	3％
2. 气缸容量在 250 毫升以上的	10％
八、小汽车	
1. 乘用车	
(1)气缸容量（排气量，下同）在 1.0 升（含 1.0 升）以下的	1％
(2)气缸容量在 1.0 升以上至 1.5 升（含 1.5 升）的	3％
(3)气缸容量在 1.5 升以上至 2.0 升（含 2.0 升）的	5％
(4)气缸容量在 2.0 升以上至 2.5 升（含 2.5 升）的	9％
(5)气缸容量在 2.5 升以上至 3.0 升（含 3.0 升）的	12％
(6)气缸容量在 3.0 升以上至 4.0 升（含 4.0 升）的	25％
(7)气缸容量在 4.0 升以上的	40％
2. 中轻型商用客车	5％
3. 超豪华小汽车	10％
九、高尔夫球及球具	10％
十、高档手表	20％
十一、游艇	10％
十二、木制一次性筷子	5％
十三、实木地板	5％
十四、电池	4％
十五、涂料	4％

【注意】　纳税人兼营不同税率的应税消费品,应当分别核算不同税率应税消费品的销售额、销售数量。未分别核算销售额、销售数量,或者将不同税率的应税消费品组成成套消费品销售的,从高适用税率。

五、消费税的计税方法

按照《消费税暂行条例》规定,消费税的计税方法分为从价定率计税、从量定额计税、从价定率和从量定额复合计税(简称复合计税)。

（一）从价定率计税方法

实行从价定率计税方法时的计算公式:

$$应纳税额＝销售额×比例税率$$

销售额为纳税人销售应税消费品向购买方收取的全部价款和价外费用。全部价款中包含消费税税额,但不包括增值税税额。

【注意】　(1)销售额与增值税销售额的确定方法相同;

(2)大多数应税消费品采用从价定率计税方法。

（二）从量定额计税方法

实行从量定额计税方法的计算公式:

$$应纳税额＝销售数量×定额税率$$

1. 销售数量的规定

销售数量是指纳税人生产、加工和进口应税消费品的数量,具体规定如下:

(1)销售应税消费品的,为应税消费品的销售数量;

(2)自产自用应税消费品的,为应税消费品的移送使用数量;

(3)委托加工应税消费品的,为纳税人收回的应税消费品数量;

(4)进口应税消费品的,为海关核定的应税消费品进口征税数量。

2. 计量单位的换算标准

《消费税暂行条例》规定,黄酒、啤酒以吨为税额单位,汽油、柴油以升为税额单位。但是,考虑到在实际销售过程中,一些纳税人会把吨和升这两个计量单位混用,为了规范不同产品的计量单位,以准确计算应纳税额,给出了吨、升两个计量单位的换算标准(见表2-2-2)。

表 2-2-2　吨、升换算标准

序　号	名　　称	计量单位的换算标准
1	黄酒	1 吨＝962 升
2	啤酒	1 吨＝988 升
3	汽油	1 吨＝1388 升
4	柴油	1 吨＝1176 升
5	航空煤油	1 吨＝1246 升
6	石脑油	1 吨＝1385 升
7	溶剂油	1 吨＝1282 升
8	润滑油	1 吨＝1126 升
9	燃料油	1 吨＝1015 升

(三)从价定率和从量定额复合计税方法

从价定率和从量定额复合计税方法即以两种方法计算的应纳税额之和为该应税消费品的应纳税额。我国目前只对卷烟和白酒采用复合计税方法。

应纳税额＝销售数量×定额税率＋销售额×比例税率

六、消费税的征收管理

(一)纳税义务发生时间

(1)纳税人自产自用的应税消费品,其纳税义务发生时间为移送使用的当天。

(2)纳税人委托加工的应税消费品,其纳税义务发生时间为纳税人提货的当天。

(3)纳税人进口应税消费品,其纳税义务的发生时间为报关进口的当天。

(4)纳税人采取其他结算方式的,其纳税义务的发生时间为收讫销售款或者取得索取销售款凭据的当天。

(5)纳税人采取托收承付和委托银行收款方式的,其纳税义务发生时间为发出应税消费品并办妥托收手续的当天。

(6)纳税人采取预收货款结算方式的,其纳税义务的发生时间为发出应税消费品的当天。

(7)纳税人采取赊销和分期收款结算方式的,为书面合同约定的收款日期的当天,书面合同没有约定收款日期或者无书面合同的,为发出应税消费品的当天。

(二)纳税期限

消费税的纳税期限分别为 1 日、3 日、5 日、10 日、15 日、1 个月或者 1 个季度。纳税人的具体纳税期限,由主管税务机关根据纳税人应纳税额的大小分别核定;不能按照固定期限纳税的,可以按次纳税。

纳税人以 1 个月或者 1 个季度为 1 个纳税期的,自期满之日起 15 日内申报纳税;以 1 日、3 日、5 日、10 日或者 15 日为 1 个纳税期的,自期满之日起 5 日内预缴税款,于次月 1 日起 15 日内申报纳税并结清上月应纳税款。

纳税人进口应税消费品,应当自海关填发海关进口消费税专用缴款书之日起 15 日内缴纳税款。

(三)纳税地点

纳税人销售的应税消费品,以及自产自用的应税消费品,除国务院另有规定外,应当向纳税人机构所在地或者居住地主管税务机关申报纳税。

委托加工的应税消费品,除受托方为个人外,由受托方向机构所在地或者居住地的主管税务机关申报缴纳消费税税款。委托个人加工的应税消费品,由委托方向其机构所在地或者居住地主管税务机关申报纳税。

进口的应税消费品,由进口人或者其代理人向报关地海关申报纳税。

纳税人到外县(市)销售或者委托外县(市)代销自产应税消费品的,于应税消费品销售后,向机构所在地或者居住地主管税务机关申报纳税。

纳税人的总机构与分支机构不在同一县(市)的,应当分别向各自机构所在地的主管税务机关申报纳税(卷烟批发除外),经财政部、国家税务总局或者其授权的财政、税务机关批准,可以由总机构汇总向总机构所在地的主管税务机关申报纳税。

七、应纳税额的计算

(一)生产销售环节应纳税额的计算

纳税人在生产销售环节应缴纳的消费税,包括直接对外销售应税消费品应缴纳的消费税和自产自用应税消费品应缴纳的消费税。

1. 直接对外销售应税消费品应纳消费税的计算

直接对外销售应税消费品应纳消费税的计算涉及三种计算方法。

（1）从价定率计税方法。其基本公式如下：

$$应纳税额＝销售额×比例税率$$

【例 2-2-1】 某化妆品生产公司为增值税一般纳税人，本月销售高档化妆品一批，开具增值税普通发票，注明价格 33.9 万元（含税），该产品消费税税率为 15%，计算应缴纳的消费税税额。

【解析】

$$不含增值税的销售额＝33.9÷(1＋13\%)＝30(万元)$$

$$应纳税额＝30×15\%＝4.5(万元)$$

（2）从量定额计税方法。其基本公式如下：

$$应纳税额＝销售数量×定额税率$$

【例 2-2-2】 某啤酒厂为增值税一般纳税人，2018 年 6 月对外销售啤酒 22 吨，每吨不含税单价为 3100 元。已知该类啤酒适用定额税率为 250 元/吨，计算该啤酒厂应缴纳的消费税税额。

【解析】

$$应纳消费税额＝250×1000÷10000＝25(万元)$$

（3）复合计税方法。其基本公式如下：

$$应纳税额＝销售数量×定额税率＋销售额×比例税率$$

【例 2-2-3】 某酒厂为增值税一般纳税人，2018 年 5 月销售白酒 6000 千克，取得不含增值税销售额 42000 元。已知白酒的税率为 20%，0.5 元/500 克，计算该酒厂应缴纳的消费税税额。

【解析】

$$应纳税额＝42000×20\%＋6000×2×0.5＝14400(元)$$

2. 自产自用应税消费品应纳消费税的计算

纳税人自产自用的应税消费品，用于连续生产应税消费品的，不征税；用于其他方面的，于移送使用时按照纳税人生产的同类消费品的销售价格计算纳税，没有同类消费品销售价格的按照组成计税价格计算纳税。

【注意】 自产自用应税消费品同时涉及增值税,其计税依据相同。

(1)从价定率计税:

$$组成计税价格=(成本+利润)÷(1-比例税率)$$

$$=[成本×(1+成本利润率)]÷(1-比例税率)$$

$$应纳税额=组成计税价格×比例税率$$

(2)复合计税:

$$组成计税价格=(成本+利润+自产自用数量×定额税率)÷(1-比例税率)$$

$$应纳税额=自产自用数量×定额税率+组成计税价格×比例税率$$

【例2-2-4】 某化妆品公司将一批自产高档化妆品用于馈赠客户,该批化妆品没有同类产品销售价格,成本为80000元,成本利润率为5%,已知该类化妆品消费税税率为15%,计算该公司应缴纳的消费税税额。

【解析】

$$组成计税价格=80000×(1+5\%)÷(1-15\%)≈98823.53(元)$$

$$应纳税额=98823.53×15\%≈14823.53(元)$$

(二)委托加工环节应纳税额的计算

委托加工的应税消费品,按照受托方的同类消费品的销售价格计算纳税,没有同类消费品销售价格的,按照组成计税价格计算纳税。

(1)从价定率计税:

$$组成计税价格=(材料成本+加工费)÷(1-比例税率)$$

$$应纳税额=组成计税价格×比例税率$$

(2)复合计税:

$$组成计税价格=(材料成本+加工费+委托加工数量×定额税率)÷(1-比例税率)$$

$$应纳税额=委托加工数量×定额税率+组成计税价格×比例税率$$

【例2-2-5】 甲公司委托乙酒厂生产粮食白酒5吨,每吨不含税成本为6000元,成本利润率为10%,乙酒厂无同类白酒销售价格(白酒消费税税率为20%,0.5元/500克)。计算甲公司应缴纳的消费税税额。

【解析】

组成计税价格＝[6000×5×(1＋10％)＋5000×2×0.5]÷(1－20％)

＝47500(元)

应纳税额＝47500×20％＋5000×2×0.5＝14500(元)

(三)进口环节应纳税额的计算

进口的应税消费品,按照组成计税价格和规定的税率计算应纳税额。

进口环节还需缴纳增值税,其计税依据与消费税相同。

(1)从价定率计税:

组成计税价格＝(关税完税价格＋关税)÷(1－比例税率)

应纳税额＝组成计税价格×比例税率

公式中的"关税完税价格"是指海关核定的关税计税价格。

【例2－2－6】 某公司进口了一批小轿车,经海关核定的关税完税价格为3040000元,已知该类型小轿车关税税率为25％,消费税税率为5％,请计算该批小轿车进口环节应缴纳的消费税税额。

【解析】

组成计税价格＝[3040000＋3040000×25％]÷(1－5％)＝4000000(元)

应纳税额＝4000000×5％＝200000(元)

(2)从量定额计税:

应纳税额＝应税消费品数量×定额税率

(3)复合计税:

组成计税价格＝(关税完税价格＋关税＋进口数量×定额税率)÷(1－比例税率)

应纳税额＝应税消费品数量×定额税率＋组成计税价格×比例税率

(四)已纳消费税扣除的计算

为了避免重复征税,现行消费税规定,将外购应税消费品和委托加工收回的应税消费品连续生产应税消费品销售时,可按当期生产领用数量计算准予扣除外购应税消费品已纳的消费税税款。

【技能强化】

一、单项选择题

1. 关于消费税的说法,正确的是( )。

A. 消费税是针对所有消费品征收的

B. 消费税在商品的生产环节征收

C. 增值税纳税人均为消费税纳税人

D. 征收消费税的商品均属于增值税的征收范围

2. 在消费税税目中,烟税目的子税目不包括( )。

A. 甲类卷烟   B. 烟丝   C. 雪茄烟   D. 烟叶

3. 委托加工的应税消费品,受托方代扣代缴消费税的时间为( )时。

A. 生产   B. 向委托方交货

C. 销售   D. 零售

4. 某涂料厂(增值税一般纳税人)销售一批涂料,取得不含增值税销售额678600元,已知其产品适用的消费税税率为4%,则该涂料厂消费税应纳税额为( )元。

A. 24167   B. 23200

C. 27144   D. 28275

5. 委托加工的应税消费品没有同类消费品销售价格,应采用从价定率和从量定额复合计税的方法计算应纳税额。其组成计税价格的计算公式是( )。

A. 组成计税价格=(材料成本+加工费)÷(1-比例税率)

B. 组成计税价格=(材料成本+加工费+委托加工数量×定额税率)×(1-比例税率)

C. 组成计税价格=(材料成本+加工费+委托加工数量×定额税率)÷(1+比例税率)

D. 组成计税价格=(材料成本+加工费+委托加工数量×定额税率)÷(1-比例税率)

二、多项选择题

1. 属于消费税纳税人的有( )。

A. 销售化妆品的商场　　　　　　　B. 销售金银首饰的金店

C. 零售白酒的超市　　　　　　　　D. 进口卷烟的贸易公司

2. 关于消费税纳税环节的说法,正确的有(　　　)。

A. 纳税人生产的应税消费品,应于纳税人销售时纳税

B. 纳税人自产自用的应税消费品,用于连续生产应税消费品的,不纳税

C. 纳税人自产自用的应税消费品,用于其他方面的,于移送使用时纳税

D. 实木地板在批发环节纳税

3. 消费税的计税依据有销售额和销售数量两种,其应纳税额的计算方法包括(　　　)。

A. 从价定率计税

B. 超额累进计税

C. 从量定额计税

D. 从价定率和从量定额复合计税

4. 纳税人自产自用的应税消费品用于其他方面的,应于移送使用时纳税。其中属于用于其他方面的项目有(　　　)。

A. 提供劳务　　　　　　　　　　　B. 职工福利

C. 赞助　　　　　　　　　　　　　D. 生产非应税消费品

5. 根据消费税法律制度的规定,计算白酒的消费税时,应并入白酒计税销售额的有(　　　)。

A. 品牌使用费　　　　　　　　　　B. 包装费

C. 包装物押金　　　　　　　　　　D. 包装物租金

三、判断题

(　　)1. 委托个人加工的应税消费品,由委托方收回后缴纳消费税。

(　　)2. 单位和个人进口应税消费品,于报关进口时由海关代征消费税。

(　　)3. 黄酒、啤酒、成品油用从价定率计税的方法计算消费税。

(　　)4. 复合计税应纳税额＝销售额×比例税率＋销售数量×定额税率。

(　　)5. 卷烟、白酒用复合计税的方法计算消费税。

课题三　关税纳税实务

一、关税的概念、特征与种类

【微课】
关税概述

（一）关税的概念

关税是指国家授权海关对出入关境的货物和物品征收的一种税，属于国家最高行政单位指定税率的高级税种，是一种流转税。

（二）关税的特征

1. 强制性

强制性是指关税凭借法律的规定强制性征收，而不是一种自愿献纳；凡是要交税的，都必须按照法律规定无条件地履行自己的义务，否则就要受到法律的制裁。

2. 无偿性

无偿性是指征收的关税，除特殊例外，都是国家向纳税人无偿取得的国库收入，国家不需要付出任何代价，也不必把税款直接归还给纳税人。

3. 预定性

预定性是指国家事先规定了征税项目、征税比例或征税数额，征、纳双方都必须遵照执行，不得随意变化和减免。

（三）关税的种类

1. 按征收目的划分

按征收目的划分，关税可分为财政关税、保护关税和调节关税。

财政关税：以增加国家财政收入为主要目的而征收的关税。一般说来，财政关税税率较低，因为过高的税率会阻碍进口和减少出口，达不到增加财政收入的目的。

保护关税：以保护本国生产和本国市场为主要目的而征收的关税。关税作为对外贸易政策的重要手段，在保护国内生产和国内市场方面越来越重要。保护关税按其保护的具体目的不同,分为普通保护关税和特别保护关税。

调节关税:以调整本国产业结构和产品结构为主要目的而征收的关税。国家通过降低进口商品的关税税率,引进竞争,促使国内的产品尽快改造和更新,从而完成经济结构和产品结构的调整。

2. 按商品流向划分

按商品流向划分,关税可分为进口税、出口税、过境税。

进口税:当外国商品输入本国时,海关对本国进口商所征收的关税。这是关税中最重要的税种,也是保护关税的主要手段。

出口税:当本国商品输往国外时,海关对本国出口商所征收的关税。由于征收出口税会提高出口商品的成本,降低本国产品在世界市场的竞争力,不利于扩大出口,因此,目前大多数国家对绝大部分出口商品都免征出口税。

过境税:也称为"通过税""转口税",是指对由他国出口通过本国关境运往另一国的商品所征收的关税。在重商主义时代,过境税曾盛极一时,第二次世界大战后,大多数国家已不征收过境税,仅仅收取少量的准许费、登记费和统计费等。

3. 按进口税的实施情况划分

按进口税的实施情况划分,关税可分为正常关税、进口附加税、差价税。

正常关税:根据《中华人民共和国进出口关税条例》(简称《进出口关税条例》)公布的税率征收的关税。

进口附加税:也叫特别关税,是指进口国对进口商品征收正常进口税后,出于某种特定目的又加征的额外关税。

差价税:当进口商品的价格低于进口国生产的同种商品的价格时,由进口国按国内价格和进口价格之间的差额征收的附加关税。

二、关税的征税对象与纳税人

(一)关税的征税对象

关税的征税对象是准许进出境的货物和物品。货物是指贸易性商品;物品指入境旅客随身携带的行李物品、个人邮递物品,各种运输工具上的服务人员携带进口的自用物品、馈赠物品以及其他方式进境的个人物品。

(二)关税的纳税人

进口货物的收货人、出口货物的发货人和进出境物品的所有人,是关税的纳税义务人。进出口货物的收、发货人是依法取得对外贸易经营权,并进口或者出口货物的法人或者其他社会团体。进出境物品的所有人包括该物品的所有人和推定为所有人的人。

一般情况下,对于携带进境的物品,推定其携带人为所有人;对分离运输的行李,推定相应的进出境旅客为所有人;对以邮递方式进境的物品,推定其收件人为所有人;以邮递或其他运输方式出境的物品,推定其寄件人或托运人为所有人。

三、关税的税目与税率

(一)关税的税目

在我国,关税的税目包括 21 大类。

第一类:活动物;动物产品。

第二类:植物产品。

第三类:动植物油、脂及其分解产品;精制的食用油脂、植物蜡。

第四类:食品、饮料、酒及醋;烟草及烟草代用品的制品。

第五类:矿产品。

第六类:化学工业及相关的工业产品。

第七类:塑料及其制品;橡胶及其制品。

第八类:生皮、皮革、毛皮及其制品;鞍具及挽具;旅行用品、手提包及类似容器;动物胶线(蚕胶丝除外)制品。

第九类:木及木制品;木炭;软木及软木制品;稻草;秸秆或其他编织材料制品;篮筐及柳条编织品。

第十类:木浆及其他纤维素浆;纸及纸板的废碎品;纸、纸板及其他制品。

第十一类:纺织原料及纺织制品。

第十二类:鞋、帽、伞、杖、鞭及其零件;已加工的羽毛及其制品;人造花;人发制品。

第十三类:石料、石膏、水泥、石棉、云母及类似材料的制品;陶瓷产品;玻璃及其制品。

第十四类:天然或养殖珍珠、宝石或半宝石、贵金属、包贵金属及其制品,仿首饰;硬币。

第十五类：重金属及其制品。

第十六类：机器、机械器具、电气设备及其零件；录音机及放声机、电视图像、声音的录制和重放设备及其零件、附件。

第十七类：车辆、航空器、船舶及有关运输设备。

第十八类：光学、照相、电影、计量、检验、医疗或外科用仪器及设备，精密仪器设备，钟表，乐器；上述物品的零件、附件。

第十九类：武器、弹药及其零件、附件。

第二十类：杂项制品。

第二十一类：艺术品、收藏品及古物。

(二)关税的税率

关税税率是指《进出口关税条例》规定的对课征对象征税时计算税额的比例。目前我国的关税大致分为进口关税、出口关税和特别关税三大类。

1. 进口关税税率

我国进口关税设置最惠国税率、协定税率、特惠税率、普通税率、关税配额税率等税率，对进口货物在一定期限可以实行暂定税率。

2. 出口关税税率

我国出口关税则为一栏税率，即出口税率。国家仅对少数资源性产品及易于竞相杀价、盲目出口、需要规范出口秩序的半制成品征收出口关税。现行税则对100余种商品计征出口关税，主要是鳗鱼苗、部分有色金属矿砂及其精矿、生锑、磷等。

3. 特别关税税率

特别关税是指在特定情况下，一国政府为保护国内民族产业或维护民族尊严，针对特定的或来自特定国家的进口货物在一般进口关税之外加征的一种临时进口附加税。特别关税包括报复性关税、反倾销税与反补贴税、保障性关税。

征收特别关税的货物、适用国别、税率、期限和征收办法，由国务院关税税则委员会决定，海关总署负责实施。

四、关税的减免

关税的减免税分为法定减免税、政策性减免税。

（一）法定减免税

法定减免税是《中华人民共和国海关法》（简称《海关法》）和《进出口关税条例》中明确列出的减免税。法定减免税的进出口货物，无须纳税义务人申请，海关可直接按规定予以减免税，一般也不进行减免税后续管理。目前，我国法定减免税的项目如下。

（1）一票货物关税税额、进口环节增值税或者消费税税额在人民币50元以下的。

（2）无商业价值的广告品及货样。

（3）国际组织、外国政府无偿赠送的物资。

（4）进出境运输工具装载的途中必需的燃料、物料和饮食用品。

（5）因故退还的中国出口货物，可以免征进口关税，但已征收的出口关税，不予退还。

（6）因故退还的境外进口货物，可以免征出口关税，但已征收的进口关税不予退还。

对有上述情况的货物，经海关审查无误后可以免税。

有下列情形之一的进口货物，海关可以酌情减免税：①在境外运输途中或者在起卸时，遭受到损坏或者损失的；②起卸后海关放行前，因不可抗力遭受损坏或者损失的；③海关查验时已经破漏、损坏或者腐烂，经证明不是保管不慎造成的。

为境外厂商加工、装配成品和为制造外销产品而进口的原材料、辅料、零件、部件、配套件和包装物料，海关按照实际加工出口的成品数量免征进口关税；或者对进口料、件先征进口关税，再按照实际加工出口的成品数量予以退税。

中国缔结或参加的国际条约规定减征、免征关税的货物、物品，海关应当按照规定减免关税。

（二）政策性减免税

政策性减免税又称特定减免税，是在法定减免税之外，国家按照国际通行规则和我国实际情况，对特定地区、企业和用途的进出口货物制定、发布的减免税规定。对政策性减免税的进出口货物，海关需要进行后续管理，也需要进行减免税统计。

目前我国的政策性减免税项目主要如下：科教用品；残疾人专用品；扶贫、慈善性捐赠物资；加工贸易产品；边境贸易进口物资；保税区进出口货物；出口加工区进出口货物；特定行业或用途的减免税政策。

五、关税的征收管理

(一)税款缴纳

1. 关税的申报时间

关税的纳税人应在规定的保管期限内向货物或物品的进出境海关申报,海关根据规定计算应缴纳的关税并填发税款缴款通知书。进口货物的纳税义务人应当自运输工具申报进境之日起 14 日内,出口货物的纳税义务人除海关特准的外,应当在货物运抵海关监管区后装货的 24 小时以前,向货物的进出境地海关申报。

2. 关税的纳税期限

关税的纳税义务人,应在海关填发税款缴款书之日起 15 日内向指定银行缴纳税款。不能按期缴纳税款的,经海关审查批准后,可在一定时期内缓纳关税,缓纳时间一般为 3 个月,需向海关支付缓纳期内的关税利息;发生特定情形的经海关总署批准,可延期缴纳,但最长不得超过 6 个月。

逾期缴纳税款的,除依法追缴税款外,由海关自到期的"次日"起至缴清税款之日止,按日征收欠缴税额 0.05% 的滞纳金和按月征收缓纳期内的关税利息,利息率为每月 10%。

(二)关税的退还、补征与追征

由于海关误征,多缴纳税款的,纳税义务人可以从缴纳税款之日起 1 年内,书面声明理由,连同纳税收据向海关申请退税并加算银行同期活期存款利息,逾期不予受理。

进出口货物放行后,如发现少征或者漏征税款,海关有权在 1 年内予以补征;如因纳税义务人违反规定而造成少征或者漏征税款的,海关在 3 年内可以追征并从应缴税款之日起加收滞纳金。

六、关税的计算

(一)关税完税价格的确定

《海关法》规定,进出口货物的完税价格,由海关以该货物的成交价格为基础审查确定。成交价格不能确定时,完税价格由海关依法估定。关税完税价格是海关以进出口货物的实际成交价格为基础,经调整确定的计征关税的价格。

　　进口货物的完税价格的确定方法大致分为两类。一类是以进口货物的成交价格为基础进行调整,从而确定进口货物的完税价格的估算方法,简称成交价格估价法;另一类则是在进口货物的成交价格不符合规定条件或者成交价格不能确定的情况下,海关用以审查确定进口货物完税价格的估价方法,简称海关估价法。本书后续内容着重讲述成交价格估价法的应用,不涉及海关估价法的内容。

　　根据相关规定,成交价格估价法计算的进口货物完税价格包括货物的货价、货物运抵我国境内输入地点起卸前的运输及其相关费用、保险费。

$$进口货物完税价格＝货价(离岸价)＋报关起卸前发生的运保费±调整项目$$
$$＝到岸价±调整项目$$

　　上述公式中的"离岸价"又称为船上交货价格,英文缩写为 FOB,是指从起运港至目的地的运输费和保险费等由买方承担,不计入结算价格之中的销货价格;"到岸价"即成本＋运费＋保险(英文缩写为 CIF,COST 为产品出厂价,INSURANCE 为保险,FREIGHT 为运费),指的是货物越过船舷后,卖方就有根据合同约定向对方索取货款的权利。运费和保险费都是卖方先支付,这是方便买家的做法,因为货物越过船舷后所产生的风险已转移至买方。

　　(二)应纳税额的计算

　　(1)从价计税应纳税额的计算公式:

$$关税税额＝应税进(出)口货物的数量×单位完税价格×适用税率$$
$$＝应税进(出)口货物的完税价格×适用税率$$

　　(2)从量计税应纳税额的计算公式:

$$关税税额＝应税进(出)口货物数量×单位货物税额$$

　　(3)复合计税应纳税额的计算公式:

$$关税税额＝应税进(出)口货物数量×单位货物税额＋$$
$$应税进(出)口货物的完税价格×适用税率$$

　　【例 2-3-1】　某进出口公司从德国进口一批货物,该批货物的德国成交价格折合人民币为 500 万元,运抵我国关境内输入地点起卸前的包装费、运输费、保险费和其他劳务费用折合人民币共计 100 万元,支付货物运抵境内输入地点之后的运输费用 10 万元。海关核定该批货物适用的进口关税税率为 20%。计算该进出口公司应纳的关税。

【解析】

$$关税完税价格＝500＋100＝600（万元）$$

$$关税税额＝600×20％＝120（万元）$$

【例2-3-2】 某进出口公司从美国进口1000箱啤酒,每箱24瓶,每瓶容积500毫升,CIF为6000美元。计算该进出口公司应纳的关税(100美元兑换人民币650元,关税普通税率5.5元/升)。

【解析】

$$应税进口啤酒数量＝1000×500×24÷1000＝12000（升）$$

$$关税税额＝5.5×12000＝66000（元）$$

【例2-3-3】 某公司进口2台韩国产的电器,CIF折合人民币60000元,计算应纳关税(适用优惠税率为每台3000元,再征从价税5％)

【解析】

$$应纳关税税额＝2×3000＋60000×5％＝9000（元）$$

【例2-3-4】 某商场进口一批高档化妆品,该批货物在国外的买价是150万元,另该批货物运抵我国海关前发生的包装费、运输费、保险费等共计20万元。货物报关后,商场按规定缴纳了进口环节的增值税并取得了海关开具的完税凭证。假定该批进口货物在国内全部销售,取得不含税销售额250万元。已知货物的进口关税税率为5％,增值税税率为13％,消费税税率为15％,请按要求解答下列问题。

(1)计算关税的完税价格。

(2)计算进口坏节应纳的进口关税。

(3)计算进口环节应纳增值税的组成计税价格。

(4)计算进口环节应缴纳增值税、消费税的税额。

(5)计算国内销售环节的销项税额。

(6)计算国内销售环节应缴纳增值税税额。

【解析】

(1)关税的完税价格＝150＋20＝170(万元)。

(2)进口关税＝170×5％＝8.5(万元)。

（3）增值税的组成计税价格＝（170＋8.5）÷（1－15％）＝210（万元）。

（4）进口环节应缴纳的增值税＝210×13％＝27.3（万元）；

进口环节应缴纳的消费税＝210×15％＝31.5 万元）。

（5）国内销售环节的销项税额＝250×13％＝32.5（万元）。

（6）国内销售环节应缴纳增值税＝32.5－27.3＝5.2（万元）。

【技能强化】

一、单项选择题

1. 关税的征税主体是（　　）。

A. 税务部门　　　　　　B. 海关　　　　　　C. 财政部门　　　　D. 国务院

2. 当几个国家组成关税同盟时，成员国之间相互取消关税，对外实行共同的关税税则，对成员国而言，（　　）。

A. 关境等于国境　　　　　　　　　　B. 关境小于国境

C. 关境大于国境　　　　　　　　　　D. 无法确定关境和国境的大小

3. 根据关税的有关规定，下列不属于关税纳税人的是（　　）。

A. 外贸出口公司　　　　　　　　　　B. 工贸或农贸结合的进口公司

C. 经营出口货物的收货人　　　　　　D. 个人邮递物品的收件人

4. 一国根据其与另国签订的贸易条约或协定而制定的关税税率是（　　）。

A. 最惠国税率　　　　　　　　　　　B. 协定税率

C. 特惠税率　　　　　　　　　　　　D. 普通税率

5. 下列各项中，应计入出口货物完税价格的是（　　）。

A. 出口关税税率

B. 单独列明的支付给境外的佣金

C. 货物在我国境内输出地点装卸后的运输费用

D. 货物运至我国境内输出地点装载前的保险费

二、多项选择题

1. 按征税对象不同划分，可将关税分为（　　）。

A. 出口关税　　　　　　　　　　　　B. 进口关税

C. 过境关税　　　　　　　　　　　　D. 保护关税

2. 下列各项中,属于关税法定纳税义务人的有(　　)。

A. 进口货物的收货人 　　　　B. 出口货物的发货人

C. 进出境物品的所有人 　　　 D. 以上选项都正确

3. 进境物品的纳税义务人是指(　　)。

A. 携带物品进境的入境人员

B. 进境邮递物品的收件人

C. 以其他方式进口物品的收件人

D. 进境物品的邮寄人

4. 根据关税法律制度的规定,下列各项中,应当计入出口关税完税价格的有(　　)。

A. 出口关税

B. 出口货物装船以后发生的费用

C. 出口货物在成交价格中未单独列明的支付给国外的佣金

D. 出口货物在成交价格以外买方另行支付的货物包装费

5. 属于关税应纳税额计算公式的有(　　)。

A. 关税税额=应税进口货物数量×单位完税价格×适用税率

B. 关税税额=应税进口货物数量×单位货物税额

C. 关税税额=应税进口货物数量×单位货物税额+应税进口货物数量×单位完税价格×适用税率

D. 关税税额=应税进口货物数量×单位完税价格×滑准税税率

三、判断题

(　　)1. 进口关税应计入关税完税价格,进口增值税不计入关税完税价格。

(　　)2. 对于经海关批准的暂时进境的货物,应当按照一般进口货物估价办法的规定,估定完税价格。

(　　)3. 进出口货物的完税价格是指海关根据有关规定进行审定或估定后通过估价确定的价格。

(　　)4. 出口货物的成交价格中含有支付给境外的佣金的,即使单独列明,也不应扣除。

(　　)5. 关税的计税依据只有关税完税价格。

课题四 企业所得税纳税实务

一、企业所得税的概念

企业所得税是国家对企业生产经营所得和其他所得征收的一种所得税。企业所得税的纳税人是在我国境内的企业和其他取得收入的组织,包括各类企业、事业单位、社会团体、民办非企业单位和从事经营活动的其他组织,但不包括个人独资企业和合伙企业。企业所得税的纳税人分为居民企业和非居民企业。

【微课】
企业所得税概述

(一)居民企业

居民企业是指依法在中国境内成立,或者依照外国(地区)法律成立但实际管理机构在中国境内的企业。

(二)非居民企业

依照外国(地区)法律成立且实际管理机构不在中国境内,但在中国境内设立机构、场所的,或者在中国境内未设立机构、场所,但有来源于中国境内所得的企业。

二、企业所得税的征税对象

企业所得税的征税对象,是指企业的生产经营所得、其他所得和清算所得。

(一)居民企业的征税对象

居民企业负有全面纳税义务,应就来源于中国境内、境外的全部所得作为征税对象。

(二)非居民企业的征税对象

非居民企业在中国境内设立机构、场所的,应当就其所设机构、场所取得的来源于中国境内的所得,以及发生在中国境外但与其所设机构、场所有实际联系的所得,缴纳企业所得税。非居民企业在中国境内未设立机构、场所的,或虽设立机构、场所但取得的所得与其所设机构、场所没有实际联系的,应当就其来源于中国境内的所得缴纳企业所得税。

三、企业所得税的税率

企业所得税基本税率为 25%。优惠税率具体如下：

(1)符合条件的小型微利企业，减按 20% 的税率征收企业所得税；

(2)国家需要重点扶持的高新技术企业，减按 15% 的税率征收企业所得税；

(3)在中国境内未设立机构、场所的，或者虽设立机构、场所但取得的所得与其所设机构、场所没有实际联系的，就其来源于中国境内的所得，减按 10% 的税率征收企业所得税。

四、企业所得税的税收优惠

我国企业所得税的税收优惠包括免税、减税、加计扣除、加速折旧、减计收入、税额抵免等。

(一)免税收入

(1)国债利息收入。

(2)符合条件的居民企业之间的股息、红利等权益性投资收益。"符合条件"是指居民企业之间的直接投资，不包括投资到独资企业、合伙企业、非居民企业。

(3)在中国境内设立机构、场所的非居民企业从居民企业取得与该机构、场所有实际联系的股息、红利等权益性投资收益。此优惠不包括连续持有居民企业公开发行并上市流通的股票在一年(12 个月)以内取得的投资收益，未上市的居民企业之间的投资不受一年期限限制。

(4)符合条件的非营利组织的收入。此优惠不包括非营利组织从事营利性活动取得的收入。

(二)减计收入

企业以《资源综合利用企业所得税优惠目录(2021 年版)》规定的资源作为主要原材料，生产国家非限制和禁止并符合国家和行业相关标准的产品取得的收入，按 90% 计入收入总额。

(三)加计扣除

1. 研究开发费用

企业为开发新技术、新产品、新工艺发生的研究开发费用，未形成无形资产计入当期损益的,在按照规定据实扣除的基础上,再按照研发费用的 50% 加计扣除;形成无形资产的,按照无形资产成本的 150% 摊销。

2. 安置残疾人员所支付的工资

企业安置残疾人员的,在企业支付给残疾职工工资据实扣除的基础上,按照支付给残疾职工工资的 100% 加计扣除。

(四)加速折旧

可以采取缩短折旧年限或者采取加速折旧方法的固定资产包括由于技术进步,产品更新换代较快的固定资产;常年处于强震动、高腐蚀状态的固定资产。

采取缩短折旧年限方法的,最低折旧年限不得低于法定折旧年限的 60%;采取加速折旧方法的,可以采取双倍余额递减法或者年数总和法。

(五)技术转让所得

符合条件的居民企业技术转让所得不超过 500 万元的部分,免征企业所得税;超过 500 万元的部分,减半征收企业所得税。

(六)抵扣应纳税所得额

创业投资企业采取股权投资方式投资于未上市的中小高新技术企业 2 年以上的,可以按照其投资额的 70% 在股权持有满 2 年的当年抵扣该创业投资企业的应纳税所得额;当年不足抵扣的,可以在以后纳税年度结转抵扣。

(七)抵免应纳税额

企业购置并实际使用《环境保护专用设备企业所得税优惠目录(2017 年版)》《节能节水专用设备企业所得税优惠目录(2017 年版)》和《安全生产专用设备企业所得税优惠目录(2018 年版)》规定的环境保护、节能节水、安全生产等专用设备的,该专用设备的投资额的 10% 可以从企业当年的应纳税额中抵免;当年不足抵免的,可以在以后 5 个纳税年度结转抵免。

(八)"三免三减半"政策

(1)企业从事国家重点扶持的公共基础设施项目的投资经营所得,自项目取得第一笔生产经营收入所属纳税年度起,第 1 年至第 3 年免征企业所得税,第 4 年至第 6 年减半征收企业所得税。但是,企业承包经营、承包建设和内部自建自用的,不得享受上述企业所得税优惠。

(2)企业从事符合条件的环境保护、节能节水项目的所得,自项目取得第一笔生产经营收入所属纳税年度起,第 1 年至第 3 年免征企业所得税,第 4 年至第 6 年减半征收企业所得税。

环境保护、节能节水项目包括公共污水处理、公共垃圾处理、沼气综合开发利用、节能减排技术改造、海水淡化等。

(九)农、林、牧、渔业的税收优惠政策

(1)企业从事下列项目的所得,免征企业所得税:

① 蔬菜、谷物、薯类、油料、豆类、棉花、麻类、糖料、水果、坚果的种植;

② 农作物新品种的选育;

③ 中药材的种植;

④ 林木的培育和种植;

⑤ 牲畜、家禽的饲养;

⑥ 林产品的采集;

⑦ 灌溉、农产品初加工、兽医、农技推广、农机作业和维修等农、林、牧、渔服务业项目;

⑧ 远洋捕捞。

(2)企业从事下列项目的所得,减半征收企业所得税:

① 花卉、茶以及其他饮料作物和香料作物的种植;

② 海水养殖、内陆养殖。

五、企业所得税征收管理

(一)征收方式

企业所得税征收方式主要有查账征收、核定征收两种方式,对于核定征收企业所得税的纳税人,可以核定应税所得率或者核定应纳所得税额。征收方式鉴定工作每年进行一次,时间为当年的 1 至 3 月底。当年新办企业应在领取税务登记证后 3 个月内鉴定完毕。企业所得税征收方式一经确定,一般在一个纳税年度内不做变更,但对鉴定为查账征收方式的纳税人,发现下列情形之一的,可随时调整为定额或定率征收方式征收企业所得税:

(1)纳税人不据实申报纳税,不按规定提供有关财务资料接受税务检查的;

(2)在税务检查中,发现有情节严重的违反税法规定行为的。

对鉴定为定额或定率征收方式的企业,如能积极改进财务管理,建立健全账簿,规范财务核算,正确计算盈亏,依法办理纳税申报,达到查账征收方式的企业标准的,在次年鉴定时,可予以升级,鉴定为查账征收方式征收企业所得税。

(二)纳税地点

除税收法律、行政法规另有规定外,居民企业以企业登记注册地为纳税地点;但登记注册地在境外的,以实际管理机构所在地为纳税地点。

非居民企业在中国境内设立机构、场所,以机构、场所所在地为纳税地点,设有多个机构、场所的,符合国务院税务主管部门规定条件的,可以选择其主要机构、场所汇总缴纳企业所得税。

非居民企业未在中国境内设立机构、场所,或者虽设立机构、场所,但取得的所得与所设立机构、场所没有实际联系的,以扣缴义务人所在地为纳税地点。

(三)纳税期限

企业所得税按年计征,分月或者分季预缴,年终汇算清缴,多退少补。纳税年度自公历1月1日起至12月31日止。企业在一个纳税年度的中间开业,或者由于合并、关闭等原因终止经营活动,使该纳税年度的实际经营期不足12个月的,应当以其实际经营期为1个纳税年度。企业依法清算时,应当以清算期间作为1个纳税年度。按月或者按季预缴的,企业应当自月份或者季度终了之日起15日内,向税务机关报送预缴企业所得税纳税申报表,预缴税款。企业应当自年度终了之日起5个月内,向税务机关报送年度企业所得税纳税申报表,并汇算清缴,结清应缴应退税款。

六、企业所得税的应纳税所得额

应纳税所得额是企业所得税的计税依据,应纳税所得额为企业每一个纳税年度的收入总额,减去不征税收入、免税收入、各项扣除以及允许税前弥补的以前年度亏损后的余额。其计算通常有两种方法,具体如下。

直接计算法的应纳税所得额计算公式:

$$应纳税所得额=收入总额-不征税收入-免税收入-$$

$$各项扣除-允许税前弥补的以前年度亏损$$

间接计算法的应纳税所得额计算公式:

$$应纳税所得额=利润总额\pm纳税调整项目$$

> **知识链接**
>
> 免税收入、不征税收入属于调减项目；不得扣除项目、准予扣除项目超标的部分属于调增项目。

(一)收入总额

收入总额包括以货币形式和非货币形式从各种来源取得的收入，具体有销售货物收入，提供劳务收入，转让财产收入，股息、红利等权益性投资收益，利息收入，租金收入，特许权使用费收入，接受捐赠收入，其他收入。

(二)免税收入

免税收入是指属于企业的应税所得但按照税法规定免予征收企业所得税的收入。免税收入包括国债利息收入，符合条件的居民企业之间的股息、红利等权益性投资收益，在中国境内设立机构、场所的非居民企业从居民企业取得与该机构、场所有实际联系的股息、红利等权益性投资收益，符合条件的非营利组织的收入。

(三)不征税收入

不征税收入是指从性质上和根源上不属于企业营利性活动带来的经济利益、不负有纳税义务并不作为应纳税所得额组成部分的收入，如财政拨款、依法收取并纳入财政管理的行政事业性收费、政府性基金以及其他不征税收入。

(四)准予扣除项目

> **知识链接**
>
> 分析调整项目的三个步骤：一确定标准，二比较标准和实际发生额，三得出结论。

企业实际发生的与取得收入相关的、合理的支出，包括成本、费用、税金、损失和其他支出等，准予在计算应纳税所得额时扣除。

(1)工资、薪金支出。企业发生的合理的工资、薪金支出准予据实扣除。

(2)职工福利费、工会经费、教育经费。企业发生的职工福利费支出，不超过工资薪金总额的 14% 的部分，准予扣除。企业拨缴的工会经费，不超过工资薪金总额

2%的部分,准予扣除。企业发生的职工教育经费支出,不超过工资薪金总额8%的部分准予扣除;超过部分,准予在以后纳税年度结转扣除。

【例2-4-1】 某居民企业2020年实现营业收入2000000元,发生各项支出1200000元(其中:职工合理工资300000元,职工福利费45000元,工会经费7000元,职工教育经费8000元)。计算该企业职工福利费、工会经费、职工教育经费分别准予扣除的限额(三项经费准予扣除的比例分别为14%、2%、8%)。

【解析】

职工福利费的扣除标准:300000×14%=42000(元)。

职工工会经费的扣除标准:300000×2%=6000(元)。

职工教育经费的扣除标准:300000×8%=24000(元)。

(3)社会保险费。企业依照国务院有关主管部门或者省级人民政府规定的范围和标准为职工缴纳的五险一金,即基本养老保险、基本医疗保险、失业保险、工伤保险、生育保险等基本社会保险费和住房公积金,准予扣除;企业为投资者或者职工支付的补充养老保险费、补充医疗保险费,在国务院财政、税务主管部门规定的范围和标准内,准予扣除。

(4)利息费用。非金融企业向金融企业借款利息支出、金融企业的各项存款利息支出和同业拆借利息支出、企业经批准发行债券的利息支出可据实扣除;非金融企业向非金融企业借款的利息支出,不超过按照金融企业同期同类贷款利率计算的数额的部分可据实扣除,超过部分不许扣除。

【例2-4-2】 甲公司为一家化妆品生产企业,因业务发展需要向自己的供应商借款200万元,期限半年,支付利息10万元,同期同类银行贷款利率为8%,计算该企业可以在所得税前扣除的利息费用。

【解析】

可以税前扣除的利息费用:200×8%÷2=8(万元)。

(5)业务招待费。企业发生的与生产经营活动有关的业务招待费支出,按照发生额的60%扣除,但最高不得超过当年销售(营业)收入的5‰。

【例2-4-3】 某企业2020年度销售收入为272000元,发生业务招待费5000元,根据企业所得税法律的规定,计算该企业当年可以在税前扣除的业务招待费。

【解析】

发生额的 60%：$5000 \times 60\% = 3000$（元）。

销售收入的 $0.5‰$：$272000 \times 0.5‰ = 1360$（元）。

税法规定可以扣除的业务招待费为 1360 元。

（6）广告费和业务宣传费。企业发生的符合条件的广告费和业务宣传费支出，除国务院财政、税务主管部门另有规定外，不超过当年销售（营业）收入 15% 的部分，准予扣除；超过部分，准予在以后纳税年度结转扣除。

【例 2-4-4】 某企业为居民企业，2020 年取得销售收入 5000 万元，发生广告宣传费 700 万元，计算准予扣除的广告宣传费。

【解析】

准予扣除的广告宣传费：$5000 \times 15\% = 750$（元），广告宣传费可以扣除 700 元。

（7）环境保护专项资金。企业依照法律、行政法规有关规定提取的用于环境保护、生态恢复等方面的专项资金准予扣除；上述专项资金提取后改变用途的，不得扣除。

（8）租赁费。企业根据生产经营活动的需要租入固定资产支付的租赁费，按以下方法扣除：

① 以经营租赁方式租入固定资产发生的租赁费支出，按照租赁期限均匀扣除；

② 以融资租赁方式租入固定资产发生的租赁费支出，按照规定构成融资租入固定资产价值的部分应当提取折旧费用，分期扣除。

（9）劳动保护费。企业发生的合理的劳动保护支出，准予扣除。

（10）公益性捐赠支出。企业当年发生以及以前年度结转的公益性捐赠支出，不超过年度利润总额 12% 的部分，准予扣除。

【例 2-4-5】 企业 2020 年税前会计利润为 150 万元，其中有 30 万元是通过红十字会向某灾区的捐款。计算该企业 2020 年应纳税额。

【解析】

公益性捐赠的扣除标准：$150 \times 12\% = 18$（万元），调增 $30 - 18 = 12$（万元）。

应纳税所得额：$150 + 12 = 162$（万元）。

应纳所得税额：$162 \times 25\% = 40.5$（万元）。

(五)不得扣除项目

在计算应纳税所得额时，下列支出不得扣除。

（1）向投资者支付的股息、红利等权益性投资收益款项。

（2）企业所得税税款。

（3）税收滞纳金。

（4）罚金、罚款和被没收财物的损失。

（5）企业发生的公益性捐赠以外的捐赠支出。

（6）赞助支出。企业发生的与生产经营性活动无关的各种非广告性质支出。

（7）企业之间支付的管理费、企业内营业机构之间支付的租金和特许权使用费，以及非银行企业内营业机构之间支付的利息。

（8）与取得收入无关的其他支出。

（9）未经核定的准备金支出。

（六）亏损弥补

纳税人发生年度亏损的，可以用下一纳税年度的所得弥补；下一年度的所得不足弥补的，可以逐年延续弥补，但是延续弥补期不得超过 5 年。

【例 2-4-6】 某企业为居民企业，2020 年经营业务如下：

（1）取得销售收入 5000 万元，销售成本 2200 万元；

（2）发生销售费用 1340 万元（其中广告费 900 万元），管理费用 960 万元（其中业务招待费 30 万元），财务费用 120 万元，税金及附加 80 万元；

（3）营业外收入 140 万元，营业外支出 100 万元（含通过公益性社会团体向贫困山区捐款 60 万元，支付税收滞纳金 12 万元）；

（4）计入成本、费用中的实发工资总额 300 万元、拨缴职工工会经费 6 万元、发生职工福利费支出 46 万元、职工教育经费 10 万元。

求该企业应缴纳的企业所得税税额。

【解析】

（1）利润总额：$5000-2200-1340-960-120-80+140-100=340$（万元）。

（2）广告费的扣除限额：$5000\times15\%=750$（万元），准予扣除 750 万元，调增 $900-750=150$（万元）；

业务招待费扣除限额：$5000\times5‰=25$（万元），$30\times60\%=18$（万元），准予扣除 18 万元，调增 $30-18=12$（万元）；

公益性捐赠扣除限额：$340\times12\%=40.8$（万元），准予扣除 40.8 万元，调增 $60-40.8=19.2$（万元）；

税收滞纳金调增 12 万元；

职工福利费扣除限额：$300 \times 14\% = 42$（万元），准予扣除 42 万元，调增 $46 - 42 = 4$（万元）；

工会经费扣除限额：$300 \times 2\% = 6$（万元），准予扣除 6 万元，不调整；

职工教育经费扣除限额：$300 \times 8\% = 24$（万元），准予扣除 10 万元，不调整。

（3）应纳税所得额：$340 + 150 + 12 + 19.2 + 12 + 4 = 537.2$（万元）。

（4）应纳所得税额：$537.2 \times 25\% = 134.3$（万元）。

【技能强化】

一、单项选择题

1. 依据外国法律成立，实际管理机构在中国境内的企业属于（　　）。

A. 外资企业
B. 合资企业
C. 居民企业
D. 非居民企业

2. 某外商投资企业 2020 年取得利润总额 5000 万元，其中营业外收入和投资收益项目已列收支如下：通过民政部门向灾区进行公益性捐款 100 万元，国债利息收入 20 万元。假设无其他调整事项，该外商投资企业 2020 年应纳税所得额为（　　）万元。

A. 4980
B. 5040
C. 5124
D. 5137

3. 下列收入中属于企业所得税不征税收入的是（　　）。

A. 转让财产收入

B. 财政拨款收入

C. 国债利息收入

D. 符合条件的居民企业之间的股息收入

4. 甲企业 2020 年年初在生产经营的过程中，经批准向内部职工借入生产用资金 200 万元，该企业与职工的借贷是真实、合法、有效的且签订了借款合同，借款期限 1 年，支付借款利息 12 万元（金融企业同期同类贷款年利率 5%）。根据企业所得税法律制度的规定，该企业在计算 2020 年企业所得税应纳税所得额时，可以在税前扣除的利息支出为（　　）万元。

A. 12
B. 10
C. 8
D. 11

5. 某企业 2020 年亏损 50 万元，2021 年亏损 20 万元，2022 年盈利 30 万元，该企业适用的企业所得税税率为 25％,则该企业 2022 年应纳所得税税额为(　　)万元。

A. 7.5　　　　　　B. 2.5　　　　　　C. 0　　　　　　D. 12.5

二、多项选择题

1. 根据企业所得税法律制度的规定,下列各项中,属于企业所得税纳税人的有(　　)。

A. 个人独资企业　　　　　　B. 合伙企业

C. 民办非企业单位　　　　　　D. 事业单位

2. 下列各项属于企业所得税免税收入的是(　　)。

A. 财政拨款

B. 符合规定条件的居民企业之间的股息、红利等权益性投资收益

C. 依法收取并纳入财政管理的行政事业性收费

D. 在中国境内设立机构、场所的非居民企业从居民企业取得与该机构、场所有实际联系的股息、红利等权益性投资收益。

3. 下列各项不得在企业所得税前扣除的有(　　)。

A. 企业所得税税款　　　　　　B. 税收滞纳金

C. 非广告性赞助支出　　　　　　D. 销售成本

4. 2020 年甲企业取得销售收入 8000 万元,当年发生的与生产经营相关的业务招待费 60 万元,上年因超支在税前未能扣除的与生产经营相关的业务招待费支出 5 万元;当年发生的与生产经营相关的广告费 500 万元,上年因超支在税前未能扣除的符合条件的广告费 200 万元。根据企业所得税法律制度的规定,甲企业在计算当年应纳税所得额时,下列关于业务招待费和广告费准予扣除数额的表述中,正确的有(　　)。

A. 业务招待费准予扣除的数额为 39 万元

B. 业务招待费准予扣除的数额为 36 万元

C. 广告费准予扣除的数额为 500 万元

D. 广告费准予扣除的数额为 700 万元

5. 企业所得税的税率有(　　)。

A. 25％　　　　　　B. 20％　　　　　　C. 15％　　　　　　D. 10％

三、判断题

（　　）1. 对符合条件的小型微利企业,减按 20％的税率征收企业所得税。

（　　）2. 符合条件的居民企业之间的股息、红利收入是不征税收入。

（　　）3. 业务招待费按照发生额 60％,但最高不得超过当年销售（营业）收入的 0.5％。

（　　）4. 间接计算法下的计算公式为应纳税所得额＝利润总额＋纳税调整项目金额。

（　　）5. 企业发生的公益性捐赠支出,按年度净利润的 12％扣除。

课题五　个人所得税纳税实务

一、个人所得税的概念

个人所得税是国家对本国公民,以及居住在本国境内的个人所得和境外个人来源于本国的所得征收的一种所得税。

【微课】
个人所得税概述

二、个人所得税的纳税人

我国个人所得税的纳税义务人,是指在中国境内居住有所得的人,以及不在中国境内居住而从中国境内取得所得的个人,包括中国公民、个体工商业户、个人独资企业、合伙企业投资者以及在中国有所得的外籍人员和港澳台同胞。

个人所得税的纳税义务人包括居民个人和非居民个人。

居民个人是指在中国境内有住所,或者无住所而在境内居住满 183 天的个人,居民个人负有完全纳税的义务,原则上就其来源于中国境内、境外的全部所得,缴纳个人所得税。

非居民个人是指在中国境内无住所又不居住,或者无住所而一个纳税年度在中国境内居住不满 183 天的个人,非居民个人仅就其来源于中国境内的所得,缴纳个人所得税。

三、个人所得税的扣缴义务人

个人所得税以所得人为纳税人,以支付所得的单位或者个人为扣缴义务人。

纳税人有中国公民身份证号码的,以中国公民身份号码为纳税人识别号;纳税人没有中国公民身份证号码的,由税务机关赋予其纳税人识别号。扣缴义务人扣缴税款时,纳税人应当向扣缴义务人提供纳税人识别号。

扣缴义务人应当按照国家规定办理全员全额扣缴申报,并向纳税人提供其个人所得和已扣缴税款等信息。

扣缴义务人应当按照纳税人提供的信息计算税款、办理扣缴申报,不得擅自更改纳税人提供的信息。

四、个人所得税的征收范围

个人所得税的征收范围,也称个人所得税的应税项目,共有9个应税项目。

(一)工资、薪金所得

工资、薪金所得,是指个人因任职或者受雇取得的工资、薪金、奖金、年终加薪、劳动分红、津贴、补贴以及与任职或者受雇有关的其他所得。

除工资、薪金以外,奖金、年终加薪、劳动分红、津贴、补贴也被确定为工资薪金范畴。其中,年终加薪、劳动分红不分种类和取得情况,一律按工资、薪金所得课税。津贴、补贴等则有不同。根据我国目前个人收入的构成情况,规定对于一些不属于工资、薪金性质的补贴、津贴或者不属于纳税人本人工资、薪金所得项目的收入,不予征税。这些项目主要如下。

(1)独生子女补贴。执行公务员工资制度未纳入基本工资总额的补贴、津贴差额和家属成员的副食品补贴。

(2)托儿补助费。

(3)差旅费津贴、误餐补助。其中,误餐补助是指按照财政部规定,个人因公在城区、郊区工作,不能在工作单位或返回就餐的,根据实际误餐顿数,按规定的标准领取的误餐费。单位以误餐补助名义发给职工的补助、津贴不能包括在内。

(二)劳务报酬所得

劳务报酬所得,是指个人从事劳务取得的所得,包括从事设计、装潢、安装、制图、化验、测试、医疗、法律、会计、咨询、讲学、翻译、审稿、书画、雕刻、影视、录音、录像、演出、表演、广告、展览、技术服务、介绍服务、经纪服务、代办服务以及其他劳务取得的所得。

(三)稿酬所得

稿酬所得,是指个人因其作品以图书、报刊形式出版、发表而取得的所得。

(四)特许权使用费所得

特许权使用费所得,是指个人提供专利权、商标权、著作权、非专利技术以及其他特许权的使用权取得的所得。提供著作权的使用权取得的所得,不包括稿酬所得。

(五)经营所得

经营所得,是指个体工商户业主、个人独资企业投资者、合伙企业个人合伙人、承包经营者个人以及其他从事生产、经营活动的个人取得的所得,具体包括以下情形。

(1)个人通过在中国境内注册登记的个体工商户、个人独资企业、合伙企业从事生产、经营活动取得的所得。

(2)个人依法取得执照,从事办学、医疗、咨询以及其他有偿服务活动取得的所得。

(3)个人承包、承租、转包、转租取得的所得。

(4)个人从事其他生产、经营活动取得的所得。

(六)利息、股息、红利所得

利息、股息、红利所得,是指个人拥有债权、股权等而取得的利息、股息、红利所得。

(七)财产租赁所得

财产租赁所得,是指个人出租不动产、机器设备、车船以及其他财产而取得的所得。

(八)财产转让所得

财产转让所得,是指个人转让有价证券、股权、合伙企业中的财产份额、不动产、机器设备、车船以及其他财产取得的所得。对股票转让所得征收个人所得税的办法,由国务院另行规定,并报全国人民代表大会常务委员会备案。

（九）偶然所得

偶然所得，是指个人得奖、中奖、中彩以及其他偶然性质的所得。

个人取得的所得，难以界定应纳税所得项目的，由主管税务机关确定。

五、个人所得税的税率

（一）综合所得适用税率

1. 居民个人的综合所得

居民个人的综合所得包括工资、薪金所得，劳务报酬所得，稿酬所得和特许权使用费所得。按纳税年度合并计算个人所得税。

居民个人的综合所得适用七级超额累进税率，税率为3%～45%（见表2-5-1）。

表2-5-1　个人所得税税率表（居民个人）

级　数	全年应纳税所得额	税　率	速算扣除数/元
1	不超过36000元的	3%	0
2	超过36000元至144000元的部分	10%	2520
3	超过144000元至300000元的部分	20%	16920
4	超过300000元至420000元的部分	25%	31920
5	超过420000元至660000元的部分	30%	52920
6	超过660000元至960000元的部分	35%	85920
7	超过960000元的部分	45%	181920

注：本表所称全年应纳税所得额是指依照税法的规定，居民个人取得综合所得以每年收入额减除费用60000元以及专项扣除、专项附加扣除和依法确定的其他扣除后的余额。

2. 非居民个人的综合所得

非居民个人取得的综合所得，按月或者按次分别计算个人所得税，适用七级超额累进税率，税率为3%～45%（见表2-5-2）。

表2-5-2　个人所得税税率表（非居民个人）

级　数	全月应纳税所得额	税　率	速算扣除数/元
1	不超过3000元的	3%	0
2	超过3000元至12000元的部分	10%	210
3	超过12000元至25000元的部分	20%	1410

(续表)

级　数	全月应纳税所得额	税　率	速算扣除数/元
4	超过 25000 元至 35000 元的部分	25%	2660
5	超过 35000 元至 55000 元的部分	30%	4410
6	超过 55000 元至 80000 元的部分	35%	7160
7	超过 80000 元的部分	45%	15160

注:本表所称全月应纳税所得额是指依照税法的规定,非居民个人的工资、薪金所得,以每月收入额减除费用 5000 元后的余额为应纳税所得额;劳务报酬所得、稿酬所得、特许权使用费所得以收入减除 20% 的费用后的余额为收入额,稿酬所得的收入额减按 70% 计算,以每次收入额为应纳税所得额。

(二)经营所得适用税率

经营所得适用五级超额累进税率,税率为 5%～35%(见表 2-5-3)。

表 2-5-3　经营所得个人所得税税率表

级　数	全年应纳税所得额	税　率	速算扣除数/元
1	不超过 30000 元的	5%	0
2	超过 30000 元至 90000 元的部分	10%	1500
3	超过 90000 元至 300000 元的部分	20%	10500
4	超过 300000 元至 500000 元的部分	30%	40500
5	超过 500000 元的部分	35%	65500

注:本表所称全年应纳税所得额是指以每一纳税年度的收入总额减除成本、费用以及损失后的余额。

(三)利息、股息、红利所得,财产租赁所得,财产转让所得和偶然所得适用税率

利息、股息、红利所得,财产租赁所得,财产转让所得和偶然所得,适用比例税率,税率为 20%。

六、个人所得税的计税依据

个人所得税的计税依据是纳税人取得的各项应纳税所得减去按规定标准扣除费用后的余额。

个人所得的形式,包括现金、实物、有价证券和其他形式的经济利益。

居民个人的综合所得,以每一纳税年度的收入额减除费用 60000 元以及专项

扣除、专项附加扣除和依法确定的其他扣除后的余额,为应纳税所得额。劳务报酬所得、稿酬所得、特许权使用费所得以收入减除20%的费用后的余额为所得额。稿酬所得的收入额减按70%计算。

（一）专项扣除

专项扣除,包括居民个人按照国家规定的范围和标准缴纳的基本养老保险、基本医疗保险、失业保险等社会保险费和住房公积金等。

（二）专项附加扣除

专项附加扣除,是指个人所得税法规定的子女教育、继续教育、大病医疗、住房贷款利息或者住房租金和赡养老人等六项专项附加扣除。

1. 3岁以下婴幼儿照护专项附加扣除

3岁以下婴幼儿照护专项附加扣除标准,每个婴幼儿每月2000元。

2. 子女教育附加扣除

纳税人的子女接受学前教育和学历教育的相关支出,按照每个子女每年24000元（每月2000元）的标准定额扣除。学前教育指年满3岁至小学入学前教育。学历教育包括义务教育（小学、初中教育）、高中阶段教育（普通高中、中等职业、技工教育）、高等教育（大学专科、大学本科、硕士研究生、博士研究生教育）。受教育子女的父母分别按扣除标准的50%扣除;经父母约定,也可以选择由其中一方按扣除标准的100%扣除。具体扣除方式在一个纳税年度内不得变更。

3. 继续教育专项附加扣除

纳税人接受学历（学位）继续教育的支出,在学历（学位）教育期间按照每年4800元（每月400元）定额扣除。纳税人接受技能人员职业资格继续教育、专业技术人员职业资格继续教育支出,在取得相关证书的年度,按照每年3600元定额扣除。个人接受本科及以下学历（学位）继续教育,符合规定扣除条件的,可以由其父母扣除,也可以由本人扣除,但不得同时扣除。

4. 大病医疗专项附加扣除

一个纳税年度内,在社会医疗保险管理信息系统记录的（包括医保目录范围内的自付部分和医保目录范围外的自费部分）由个人负担超过15000元的医药费用支出部分,为大病医疗支出,可以按照每年80000元标准限额据实扣除。大病医疗专项附加扣除由纳税人办理汇算清缴时扣除。纳税人发生的大病医疗支出由纳税人本人扣除。纳税人应当留存医疗服务收费相关票据原件(或复印件)。

5. 住房贷款利息专项附加扣除

纳税人本人或配偶使用商业银行或住房公积金个人住房贷款为本人或其配偶购买中国境内住房,发生的首套住房贷款利息支出,在偿还贷款期间,可以按照每年 12000 元(每月 1000 元)标准定额扣除。非首套住房贷款利息支出,纳税人不得扣除。纳税人只能享受一套首套住房贷款利息扣除。经夫妻双方约定,可以选择由其中一方扣除,具体扣除方式在一个纳税年度内不得变更。

6. 住房租金专项附加扣除

纳税人本人及配偶在纳税人的主要工作城市没有住房,而在主要工作城市租赁住房发生的租金支出,可以按照以下标准定额扣除:

(1)承租的住房位于直辖市、省会城市、计划单列市以及国务院确定的其他城市,扣除标准为每年 18000 元(每月 1500 元);

(2)承租的住房位于其他城市的,市辖区户籍人口超过 100 万的,扣除标准为每年 12000 元(每月 1000 元);

(3)承租的住房位于其他城市的,市辖区户籍人口不超过 100 万(含)的,扣除标准为每年 9600 元(每月 800 元)。

夫妻双方主要工作城市相同的,只能由一方扣除住房租金支出。夫妻双方主要工作城市不相同的,且各自在其主要工作城市都没有住房的,可以分别扣除住房租金支出。

住房租金支出由签订租赁住房合同的承租人扣除。纳税人及其配偶不得同时分别享受住房贷款利息专项附加扣除和住房租金专项附加扣除。纳税人应当留存住房租赁合同、协议等有关资料备查。

7. 赡养老人专项附加扣除

纳税人赡养 60 岁(含)以上父母以及其他法定赡养人的赡养支出,可以按照以下标准定额扣除:

(1)纳税人为独生子女的,按照每年 36000 元(每月 3000 元)的标准定额扣除;

(2)纳税人为非独生子女的,应当与其兄弟姐妹分摊每年 36000 元(每月 3000元)的扣除额度,分摊方式包括平均分摊、被赡养人指定分摊或者赡养人约定分摊,具体分摊方式在一个纳税年度内不得变更。采取指定分摊或约定分摊方式的,每一纳税人分摊的扣除额最高不得超过每年 15000 元(每月 1500 元),并签订书面分摊协议。指定分摊与约定分摊不一致的,以指定分摊为准。纳税人赡养 2 个及以上老人的,不按老人人数加倍扣除。

(三)其他扣除

包括个人缴付符合国家规定的企业年金、职业年金,个人购买符合国家规定的商业健康保险、税收递延商业养老保险的支出,以及国务院规定可以扣除的其他项目。

七、个人所得税的税收优惠

下列各项个人所得,免征个人所得税:

(1)省级人民政府、国务院部委和中国人民解放军军以上单位,以及外国组织、国际组织颁发的科学、教育、技术、文化、卫生、体育、环境保护等方面的奖金;

(2)国债和国家发行的金融债券利息;

(3)按照国家统一规定发给的补贴、津贴;

(4)福利费、抚恤金、救济金;

(5)保险赔款;

(6)军人的转业费、复员费、退役金;

(7)按照国家统一规定发给干部、职工的安家费、退职费、基本养老金或者退休费、离休费、离休生活补助费;

(8)依照有关法律规定应予免税的各国驻华使馆、领事馆的外交代表、领事官员和其他人员的所得;

(9)中国政府参加的国际公约、签订的协议中规定免税的所得;

(10)国务院规定的其他免税所得。

八、个人所得税应纳税额的计算

(一)工资、薪金所得应纳税额的计算

工资、薪金所得应纳税额的计算分为按月预缴和年终汇算清缴两种情况。

1. 月度(包括按月预扣)计算个人所得税

$$应纳税额＝应纳税所得额×适用税率－速算扣除数$$

$$应纳税所得额＝月度收入额－准予扣除额$$

准予扣除额＝基本扣除费用5000元＋专项扣除＋专项附加扣除＋依法确定的其他扣除

【例2-5-1】 某企业职工张某2022年1月基本工资10000元,专项扣除1000元,专项附加扣除2000元,计算应纳税额。

【解析】

$$准予扣除额＝5000＋1000＋2000＝8000(元)$$

$$应纳税所得额＝10000－8000＝2000(元)$$

$$应纳税额＝2000×3\%＝60(元)$$

2. 年度计算个人所得税

$$应纳税额＝应纳税所得额×适用税率－速算扣除数$$

$$应纳税所得额＝年度收入额－准予扣除额$$

$$准予扣除额＝基本扣除费用60000元＋专项扣除＋$$

$$专项附加扣除＋依法确定的其他扣除$$

(二)经营所得应纳税额的计算

经营所得应纳税额的计算公式:

$$应纳税额＝应纳税所得额×适用税率－速算扣除数$$

$$应纳税所得额＝年应税收入额－准予税前扣除金额$$

$$＝全年收入总额－成本、费用及损失－$$

$$当年投资者本人的费用扣除额$$

(三)财产租赁所得应纳税额的计算

财产租赁所得应纳税额的计算公式如下。

(1)每次收入不超4000元的:

$$应纳税额＝(每次(月)收入额－租赁中发生的税费－$$

$$修缮费用－800)×20\%$$

(2)每次收入超过4000元的:

$$应纳税额＝(每次(月)收入额－租赁中发生的税费－$$

$$修缮费用)×(1－20\%)×20\%$$

个人出租房屋的个人所得税应税收入不含增值税,计算房屋出租所得可扣除的税费不包括本次出租缴纳的增值税。

租赁中发生的税费包括转租房屋时向房屋出租方支付的租金及增值税税额、由纳税人负担的该出租财产实际开支的修缮费用。修缮费用以每次 800 元为限,一次扣不完的,准予在下一次继续扣除,直到扣完为止。

知识链接

个人出租用于居民居住的住房税率为 10%。

【例 2-5-2】 李先生 2022 年 1 月将其自有的住房按市场价出租给王某居住,每月取得租金收入为 2000 元。假定不考虑出租过程中的相关税费,计算李先生 1 月租金收入应缴纳的个人所得税。

【解析】

$$应纳税额＝(2000－800)×10\%＝120(元)$$

【例 2-5-3】 刘先生 5 月将租入的一套住房转租,当月向出租方支付月租金 3000 元,转租收取月租金 7000 元。假定当月实际支付房屋租赁过程中的各种税费为 500 元,因下水道堵塞,发生维修费用 1200 元,有维修部门的正式收据并取得有效凭证。计算刘先生 5 月转租住房取得的租金收入应缴纳的个人所得税。

【解析】

刘先生 5 月转租住房当月应缴纳的个人所得税为

$$(7000－3000－500－800－800)×10\%＝190(元)$$

【例 2-5-4】 居民王某 2021 年 6 月将其小汽车出租给他人使用,每月取得租金 50000 元,假定出租小汽车每月应缴纳的增值税、城市维护建设税、教育费附加和地方教育费附加共计 2000 元。计算王某出租小汽车的租金收入每月应缴纳的个人所得税。

【解析】

租金收入每月应缴纳的个人所得税为

$$(50000－2000)×(1－20\%)×20\%＝7680(元)$$

（四）财产转让所得应纳税额的计算

财产转让所得应纳税额的计算公式：

$$应纳税额＝应纳税所得额×适用税率$$

$$＝（收入总额－财产原值－合理税费）×20\%$$

个人转让房屋的个人所得税应税收入不含增值税，其取得房屋时所支付价款中包含的增值税计入财产原值，计算转让所得时可扣除的税费不包括本次转让缴纳的增值税。

知识链接

转让的住房属于居民唯一的住房，并且拥有它超过 5 年，免征个人所得税。

（五）偶然所得、其他所得应纳税额的计算

利息、股息、红利所得，偶然所得，其他所得应纳税额的计算公式：

$$应纳税额＝应纳税所得额×适用税率＝每次收入额×20\%$$

【技能强化】

一、单项选择题

1. 纳税人的3岁以下的婴幼儿照护支出，可按照每个子女（　　　）的标准定额扣除。

　　A. 每年 6000 元（每月 500 元）　　　　B. 每年 12000 元（每月 1000 元）

　　C. 每年 24000 元（每月 2000 元）　　　D. 每年 36000 元（每月 3000 元）

2. 纳税人的子女接受学前教育和学历教育的相关支出，按照每个子女（　　　）的标准定额扣除。

　　A. 每年 6000 元（每月 500 元）　　　　B. 每年 12000 元（每月 1000 元）

　　C. 每年 24000 元（每月 2000 元）　　　D. 每年 36000 元（每月 3000 元）

3. 下列各项所得，不需要缴纳个人所得税的是（　　　）。

　　A. 工资　　　　　B. 劳务报酬　　　　C. 保险赔款　　　　D. 稿酬

4. 下列各项所得,需要缴纳个人所得税的是(　　　)。

A. 国债利息收入　　　　　　　　　B. 劳务报酬

C. 保险赔款　　　　　　　　　　　D. 退休人员的退休金

5. 下列属于专项附加扣除的项目是(　　　)。

A. 基本养老保险　　　　　　　　　B. 基本医疗保险

C. 失业保险　　　　　　　　　　　D. 住房贷款利息

二、多项选择题

1. 下面选项不适用个人所得税法的是(　　　)。

A. 合伙企业　　　　B. 个人独资企业　　C. 非居民企业　　D. 居民企业

2. 专项附加扣除包括(　　　)。

A. 住房公积金　　　　　　　　　　B. 子女教育支出

C. 赡养老人支出　　　　　　　　　D. 3 岁以下婴幼儿照护支出

3. 居民个人的综合所得包括(　　　)。

A. 工资、薪金所得　　　　　　　　B. 劳务报酬所得

C. 稿酬所得　　　　　　　　　　　D. 特许权使用费所得

4. 专项扣除包括(　　　)。

A. 基本养老保险　　　　　　　　　B. 基本医疗保险

C. 失业保险　　　　　　　　　　　D. 住房公积金

三、判断题

(　　　)1. 个人所得税的纳税义务人,以住所和居住时间为标准分为居民个人和非居民个人。

(　　　)2. 工资、薪金所得、劳务报酬所得、稿酬所得、特许权使用费所得按综合所得计算个人所得税。

(　　　)3. 综合所得使用 3%～45% 的七级超额累进税率。

(　　　)4. 财产租赁所得,每次收入不超过 4000 元的,减除 20% 的费用。

(　　　)5. 对个人将其所得通过境内公益性的社会组织、国家机关向教育、扶贫、救济等公益慈善事业进行捐赠,捐赠额未超过纳税人申报的应纳税所得额 30% 的部分可以扣除。

模块三　智能财税实践案例

【课件】
智能财税实践案例

【知识目标】

● 了解智能财税系统；

● 熟悉智能财税信息中心理论；

● 掌握智能财税的系统操作。

【能力目标】

● 能够通过智能财税理论进入智能财税信息中心；

● 能够熟练操作智能财税系统；

● 能通过智能财税系统进行企业案例分析。

【素养目标】

● 培养学生的动手操作能力及创新意识；

● 培养学生的财税意识及法律意识。

课题一　智能财税系统

一、运行环境

运行环境见表 3-1-1 所列。

表 3-1-1　运行环境

运行环境	客户端	硬件	CPU：Intel 酷睿 i3 或以上 内存：4 GB 硬盘：50 GB 其他：无

（续表）

运行环境	客户端	软件	操作系统：Windows 7 浏览器：360 极速浏览器或谷歌浏览器 其他软件：无
	服务器端	硬件	CPU：Intel 奔腾 G645 或以上 内存：4 GB 硬盘：50 GB 其他：无
		软件	操作系统：Windows 2003 SP2 数据库：mysql－5.6.15－win32 中间件：tomcat－6.0.37 其他软件：jdk1.7
	网络类型		以太网
	其他		无

二、应用范围与对象

应用范围：本平台应用于大中专院校实践教学。

应用对象：财经专业教师、学生。

三、安装指南

（1）打开安装盘，目录结构如图 3－1－1 所示。

（2）打开"第 1 步　安装网络版运行环境"（如果您已经安装过科云其他产品，可跳过此步）目录，目录结构如图 3－1－2 所示。

图 3－1－1　目录结构（1）　　　　　图 3－1－2　目录结构（2）

（3）双击"setup.exe"，再单击"下一步"，安装目录如图 3－1－3 所示。

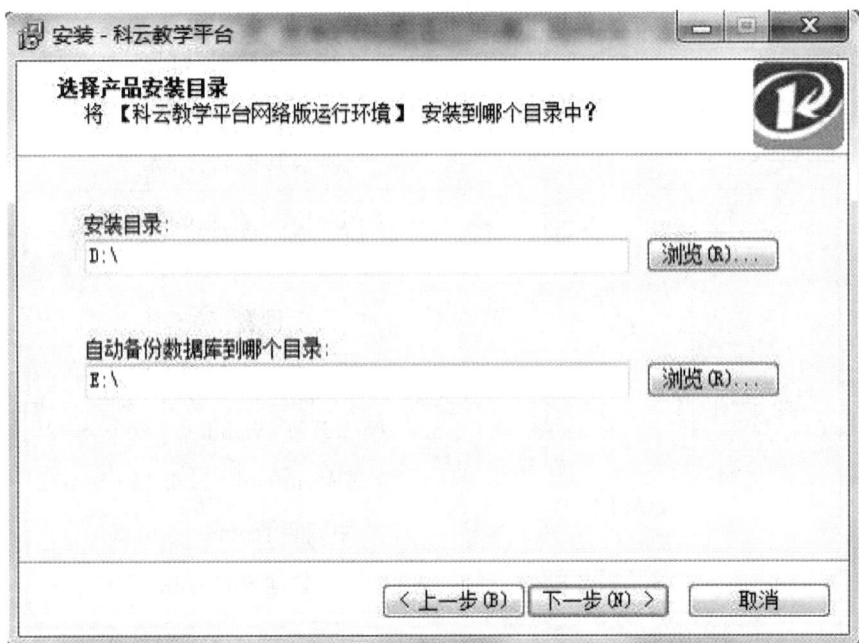

图 3-1-3　安装目录

说明：本平台提供自动备份数据库的功能，加到计划任务中自动执行，因此需要指定自动备份数据库到某个目录。

（4）打开"第 2 步　安装产品"，目录结构如图 3-1-4 所示。

（5）双击"setup. exe"，再单击"下一步"（见图 3-1-5），显示安装产品界面，核对无误，直接单击"下一步"。

图 3-1-4　目录结构　　　　　图 3-1-5　安装目录

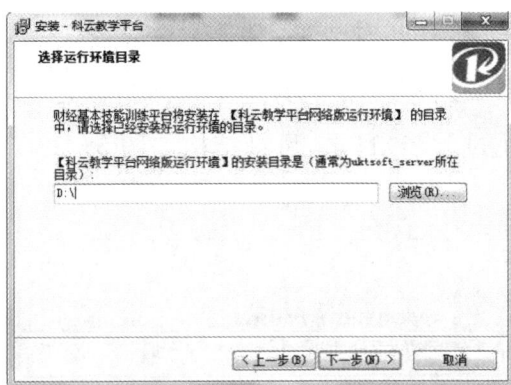

说明：此处的目录与"第 1 步　安装网络版运行环境"时选择的目录一致。

（6）当单击"下一步"时，安装程序要检测数据库是否正常连接，并且在安装过程中需要向数据库中写入数据，因此此时先启动数据库。启动数据库的方法：开始（菜单）→科云教学平台→1.启动数据库，约半分钟左右，单击"下一步"即可（见图3-1-6）。

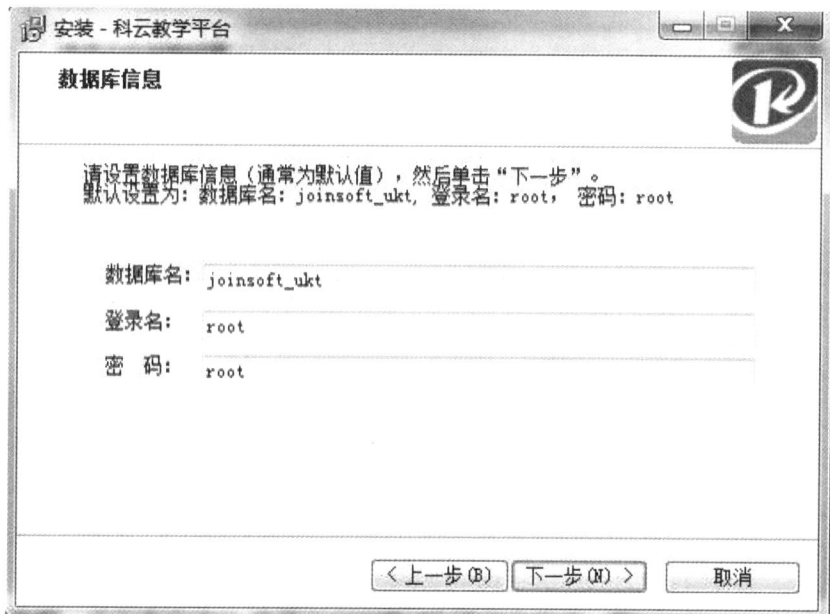

图 3-1-6　安装程序

说明：数据库信息通常不需要进行任何修改，按默认值即可。

课题二　智能财税信息中心

智能财税信息中心提供案例中公司的主体信息、财务制度、供应商信息、客户信息、财务发票抵扣联、业务合同资料、仓库出入库单据以及资料下载区等信息，以便于用户操作时查看对应信息。

【微课】
智能财税平台介绍

一、主体信息

主体信息包括公司的企业主体信息、公司章程、营业执照正本、营业执照副本、机构信用代码证和开户许可证等信息（见图 3-2-1）。

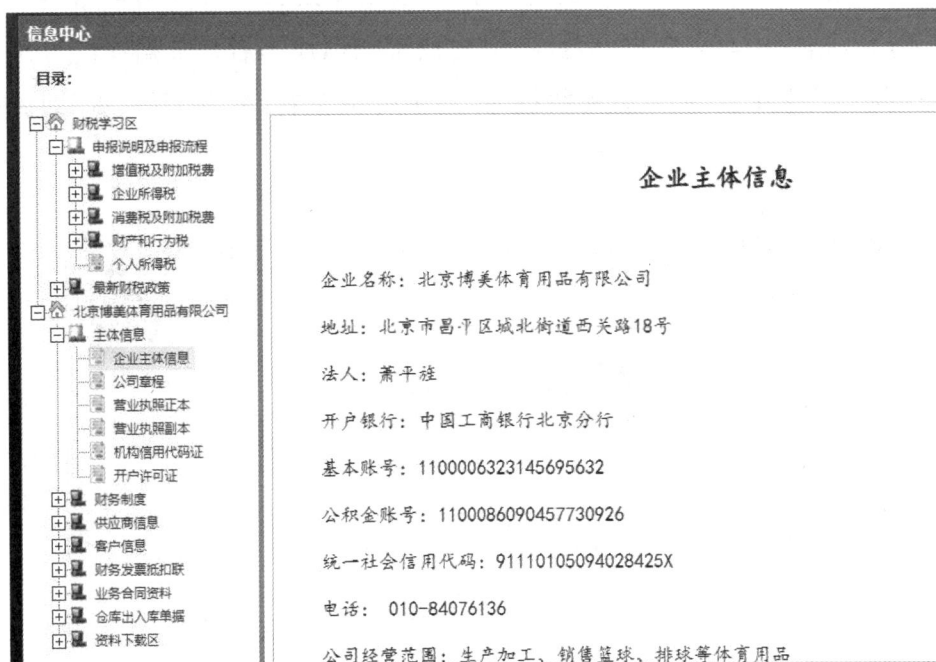

图 3-2-1 主体信息

二、财务制度

财务制度信息包括本公司的财务管理制度,如图 3-2-2 所示。

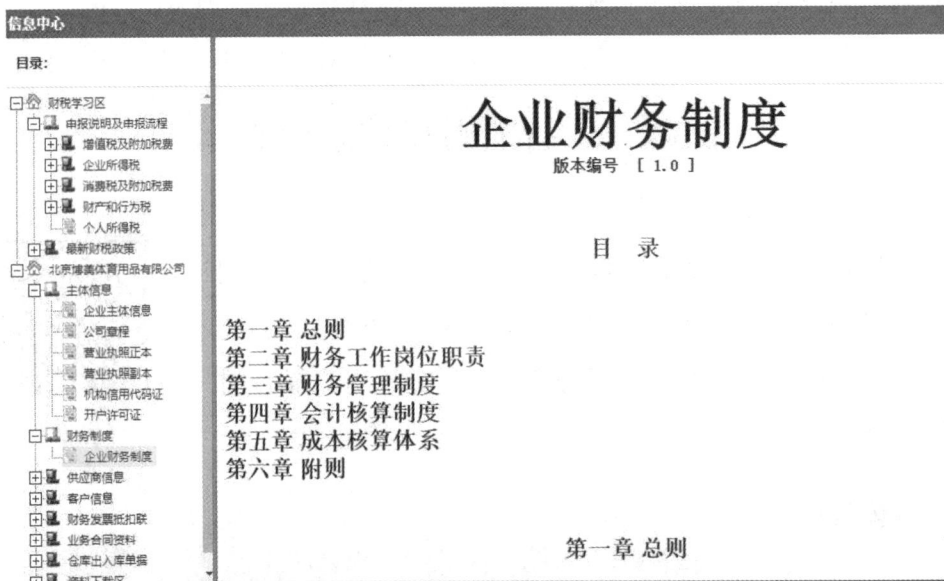

图 3-2-2 财务制度信息

三、供应商信息

供应商信息罗列了与本公司有商业来往的供应商的相关信息,包括企业名称、地址、电话、统一社会信用代码、开户行、账号和纳税人类型等基础信息,以供查阅,如图 3-2-3 所示。

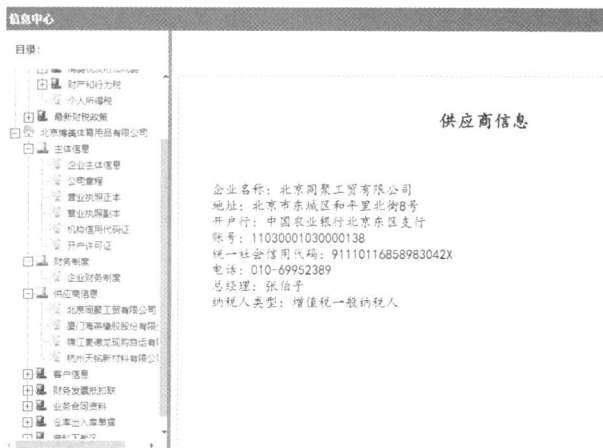

图 3-2-3 供应商信息

四、客户信息

客户信息罗列了与本公司有商业来往的客户的相关信息,包括企业名称、地址、电话、统一社会信用代码、基本账户、账号、法人代表和纳税人类型等基础信息,以供查阅,如图 3-2-4 所示。

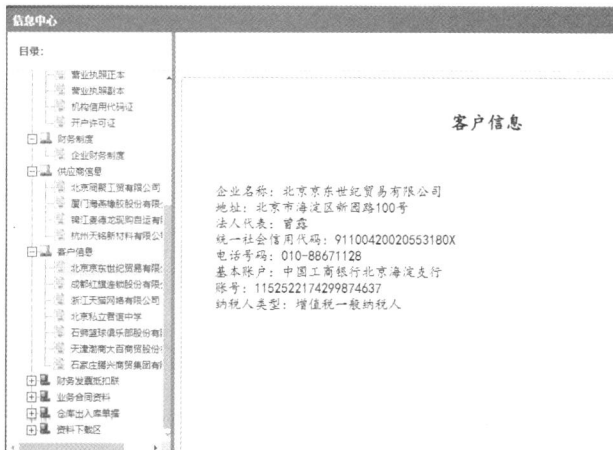

图 3-2-4 客户信息

五、财务发票抵扣联

财务发票抵扣联主要是记录增值税专用发票抵扣联，以便进行留存备查，如图3-2-5所示。

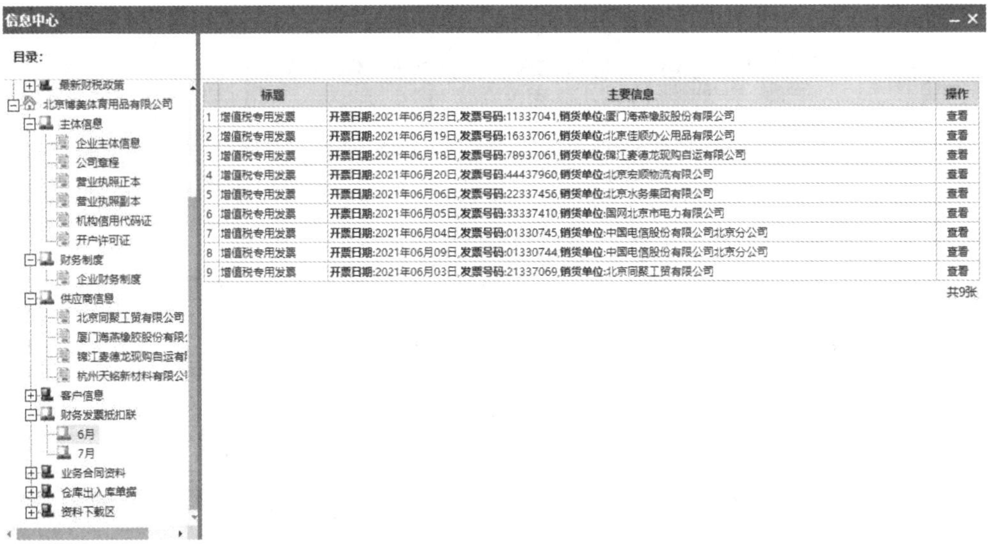

图 3-2-5　财务发票抵扣联

六、业务合同资料

业务合同资料包括公司的采购合同、销售合同等资料，如图3-2-6所示。

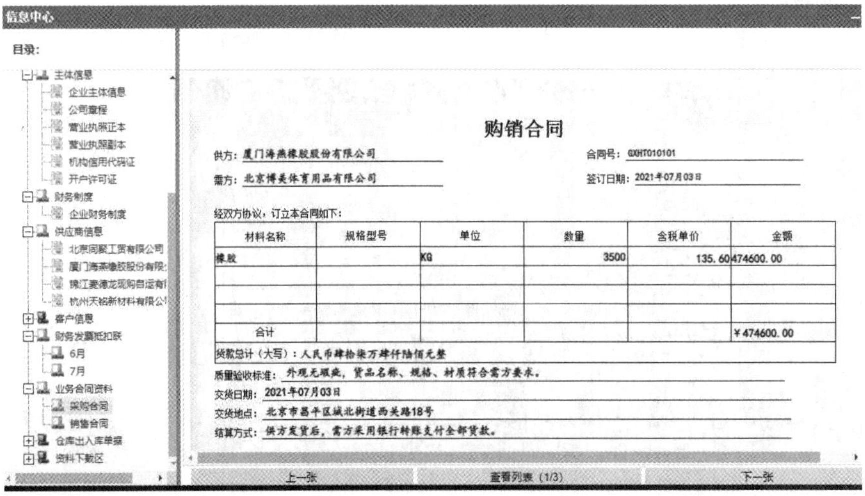

图 3-2-6　业务合同资料

七、仓库出入库单据

仓库出入库单据包括领料单、入库单、出库单和工程物资收发单等，如图 3 - 2 - 7 所示。

图 3 - 2 - 7　仓库出入库单据

八、资料下载区

资料下载区包括材料汇总辅助表、固定资产明细表和个人所得税申报资料，如图 3 - 2 - 8 所示。

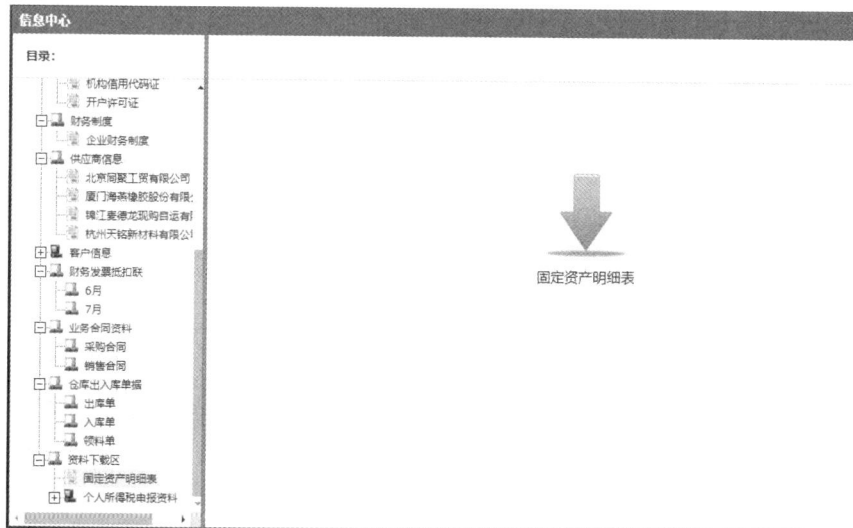

图 3 - 2 - 8　资料下载区

课题三　智能财税系统操作

一、待办业务系统

在"业务协同"界面左侧看到业务日期,界面右侧可按日查看当月的业务。单击"下一天",下一天的业务内容展示在界面右侧的业务列表中。"业务协同"界面如图 3 - 3 - 1 所示。

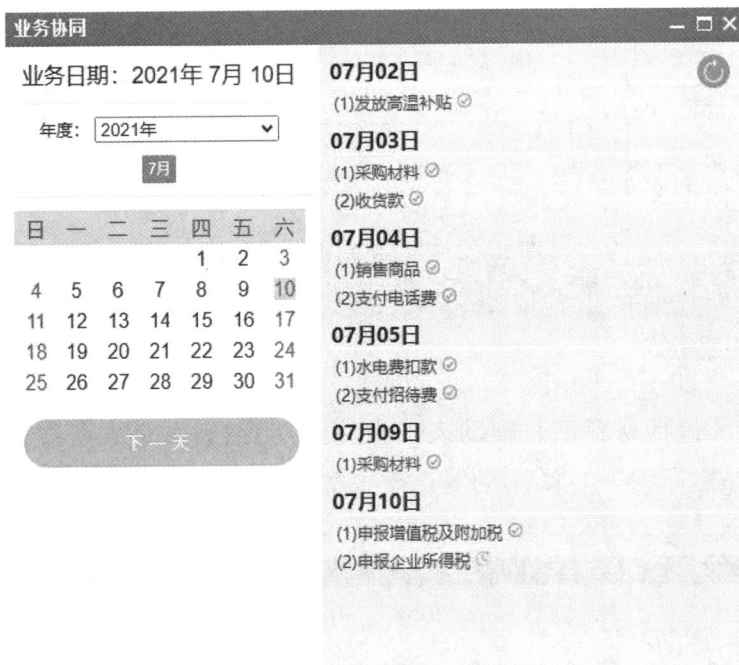

图 3 - 3 - 1　"业务协同"界面

二、电算化系统

电算化系统可让操作人员进行会计科目、供应商、客户、职员、部门等数据维护,并提供填制凭证,审核凭证,记账,期末结账,查询明细账、总账、财务报表、科目余额表等功能。

(一)登录系统

选择角色,输入对应的密码,单击"登录",进入电算化系统(见图 3 - 3 - 2)。

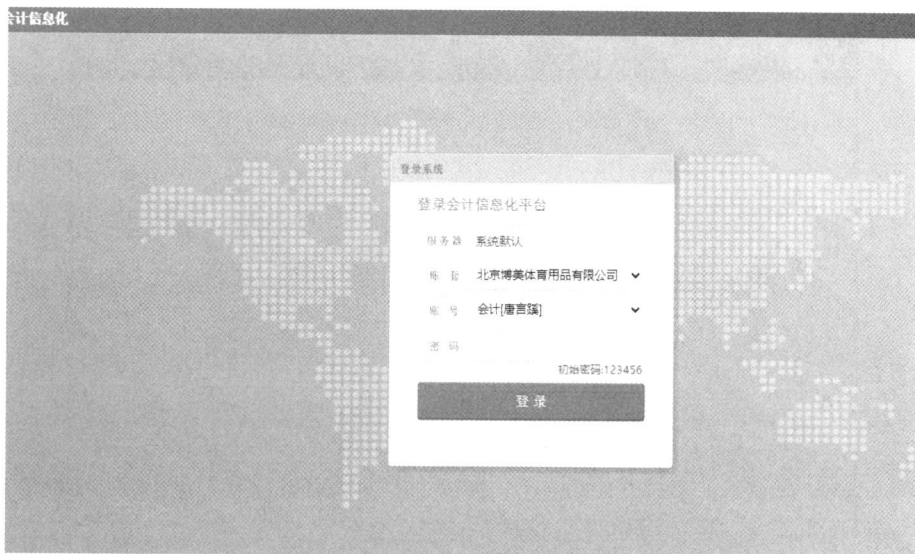

图 3 - 3 - 2　登录系统

(二)系统主界面

系统主界面列出了电算化系统提供的所有功能(见图 3 - 3 - 3),单击相应的功能图标即可进行操作。

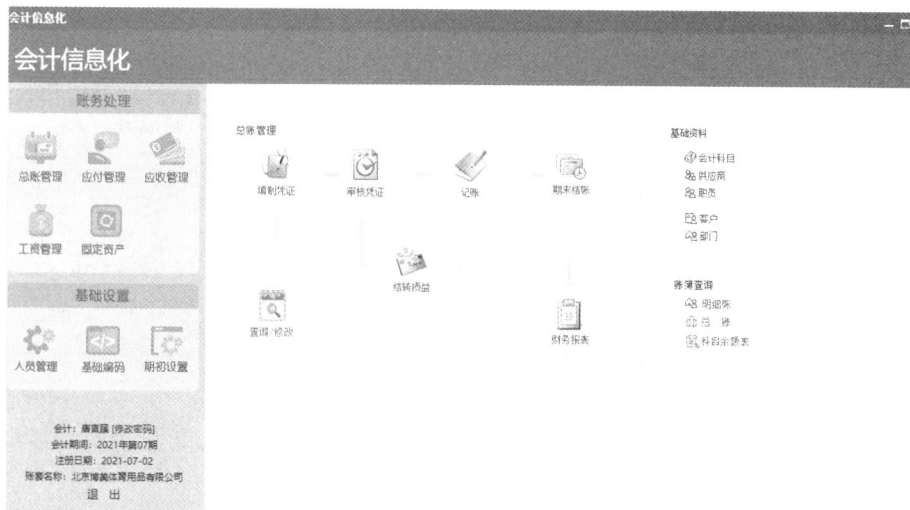

图 3 - 3 - 3　系统主界面

(三)修改密码

单击主界面左侧下方的"修改密码",在弹出的输入框中输入新密码并确认,单击"保存"完成密码修改,如图 3 - 3 - 4 所示。

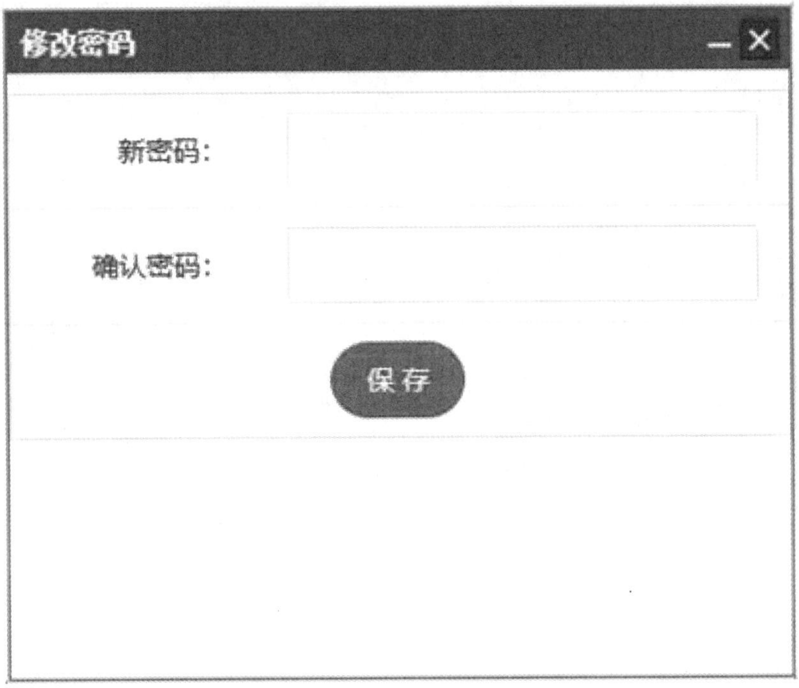

图 3-3-4　修改密码

(四)会计科目数据维护

(1)会计科目列表(见图 3-3-5):按类别显示科目。

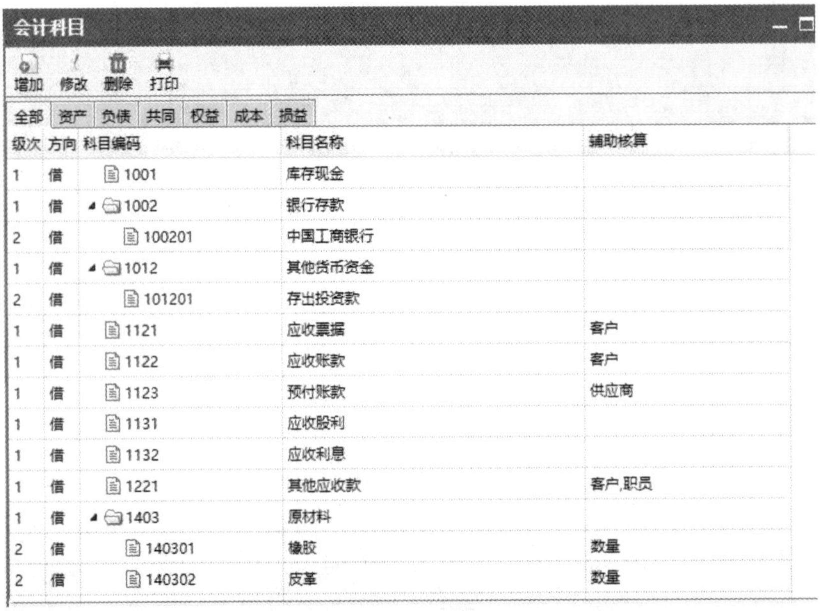

级次	方向	科目编码	科目名称	辅助核算
1	借	1001	库存现金	
1	借	1002	银行存款	
2	借	100201	中国工商银行	
1	借	1012	其他货币资金	
2	借	101201	存出投资款	
1	借	1121	应收票据	客户
1	借	1122	应收账款	客户
1	借	1123	预付账款	供应商
1	借	1131	应收股利	
1	借	1132	应收利息	
1	借	1221	其他应收款	客户,职员
1	借	1403	原材料	
2	借	140301	橡胶	数量
2	借	140302	皮革	数量

图 3-3-5　会计科目列表

（2）添加会计科目（见图3－3－6）：若未选中科目就单击"增加"，将增加顶级科目，否则将增加被选中科目的子科目。

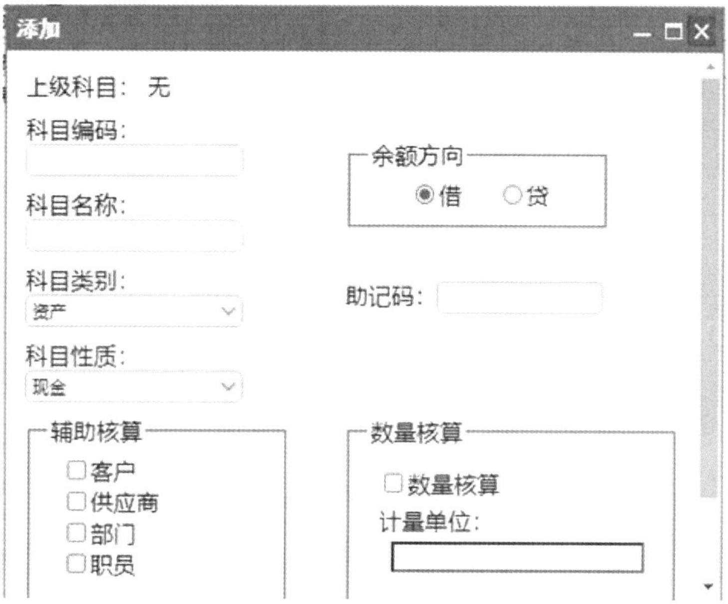

图3－3－6　添加会计科目

（3）修改会计科目（见图3－3－7）：选中要修改的科目，单击"修改"按钮，修改数据，再单击"保存"即可。

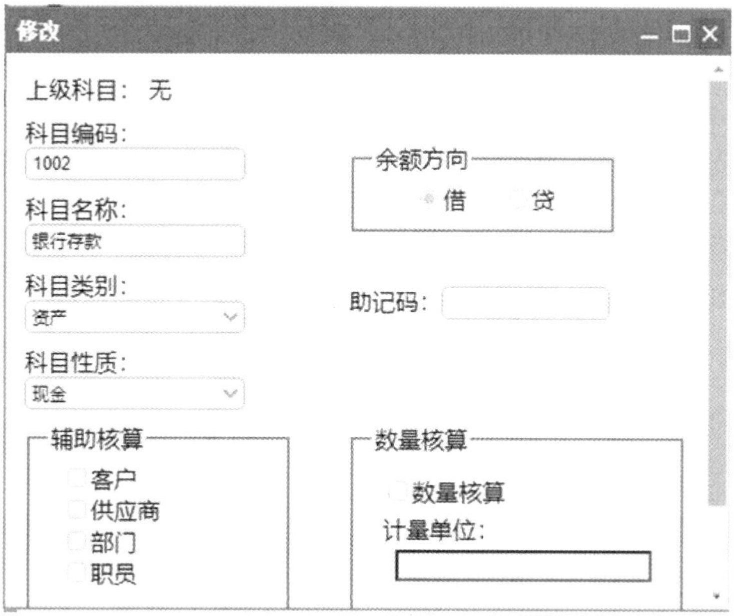

图3－3－7　修改会计科目

(五)供应商数据维护

(1)供应商列表(见图 3－3－8):界面左侧显示供应商组,右侧显示供应商数据。单击左侧的供应商组可按组查看供应商数据。

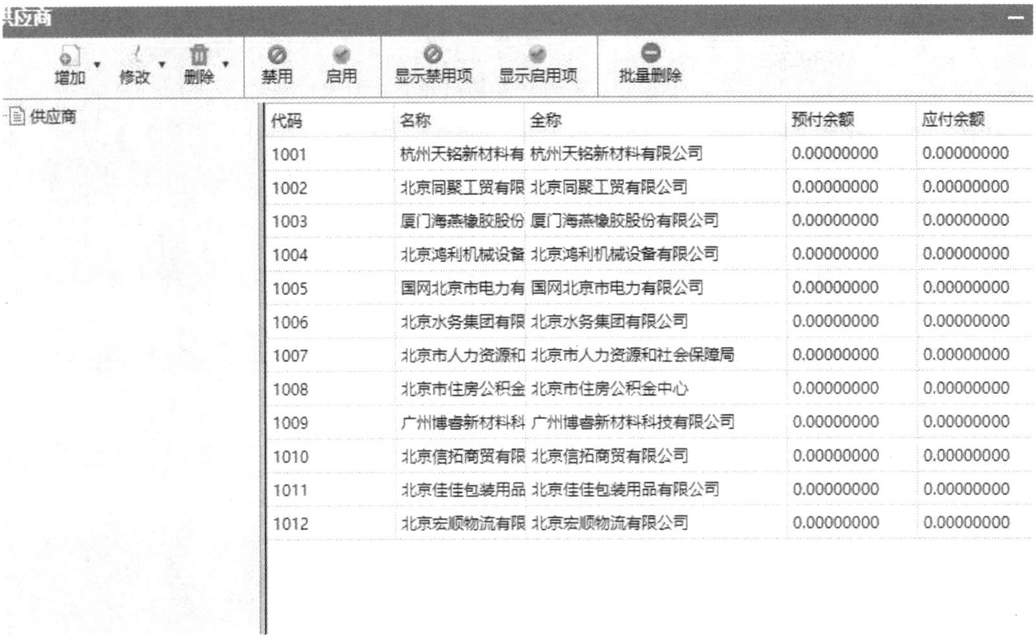
供应商
增加
修改
删除
禁用
启用
显示禁用项
显示启用项
批量删除
供应商
代码 名称 全称 预付余额 应付余额
1001 杭州天铭新材料有 杭州天铭新材料有限公司 0.00000000 0.00000000
1002 北京同聚工贸有限 北京同聚工贸有限公司 0.00000000 0.00000000
1003 厦门海燕橡胶股份 厦门海燕橡胶股份有限公司 0.00000000 0.00000000
1004 北京鸿利机械设备 北京鸿利机械设备有限公司 0.00000000 0.00000000
1005 国网北京市电力有 国网北京市电力有限公司 0.00000000 0.00000000
1006 北京水务集团有限 北京水务集团有限公司 0.00000000 0.00000000
1007 北京市人力资源和 北京市人力资源和社会保障局 0.00000000 0.00000000
1008 北京市住房公积金 北京市住房公积金中心 0.00000000 0.00000000
1009 广州博睿新材料科 广州博睿新材料科技有限公司 0.00000000 0.00000000
1010 北京信拓商贸有限 北京信拓商贸有限公司 0.00000000 0.00000000
1011 北京佳佳包装用品 北京佳佳包装用品有限公司 0.00000000 0.00000000
1012 北京宏顺物流有限 北京宏顺物流有限公司 0.00000000 0.00000000

图 3－3－8　供应商列表

(2)增加供应商组(见图 3－3－9):选择"上级供应商组",输入供应商组代码、名称等,单击"保存"即可。

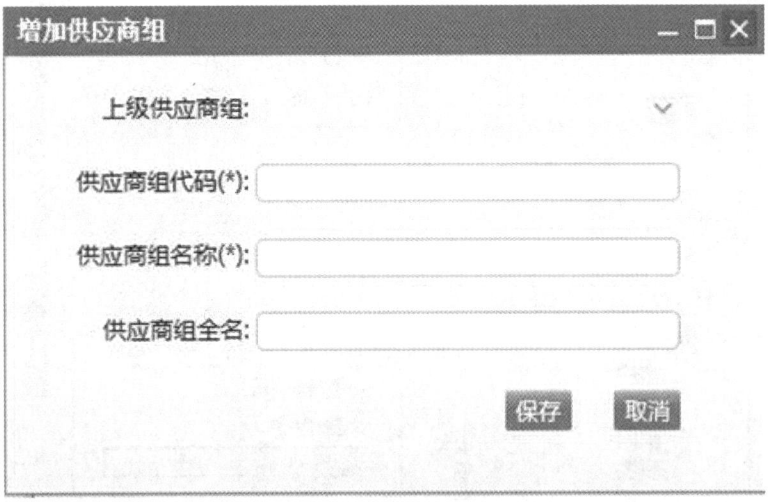
增加供应商组
上级供应商组:
供应商组代码(*):
供应商组名称(*):
供应商组全名:
保存
取消

图 3－3－9　增加供应商组

(3)增加供应商(见图3-3-10):输入必填信息,选择所属供应商组,单击"保存"即可。

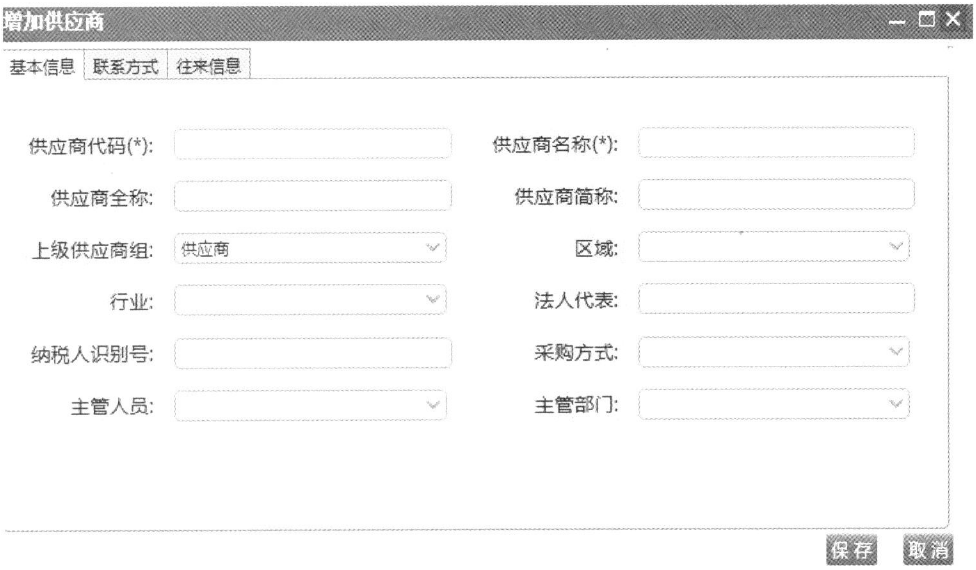

图3-3-10 增加供应商

(六)职员数据维护

(1)职员列表(见图3-3-11):界面左侧显示部门,单击部门可获取该部门下的职员,在界面右侧显示。

图3-3-11 职员列表

（2）增加职员（见图3-3-12）：输入必填信息，单击"保存"即可。

图3-3-12　增加职员

(七)客户数据维护

（1）客户列表（见图3-3-13）：界面左侧显示客户组，右侧显示客户数据。单击左侧的客户组，可按组查看客户数据。

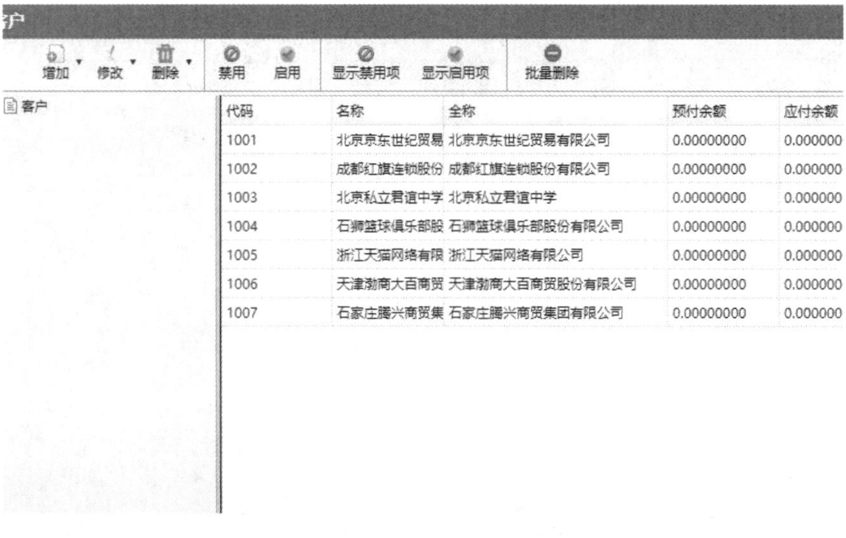

图3-3-13　客户列表

（2）增加客户组（见图 3-3-14）：选择上级客户组，输入客户组代码、名称等，单击"保存"即可。

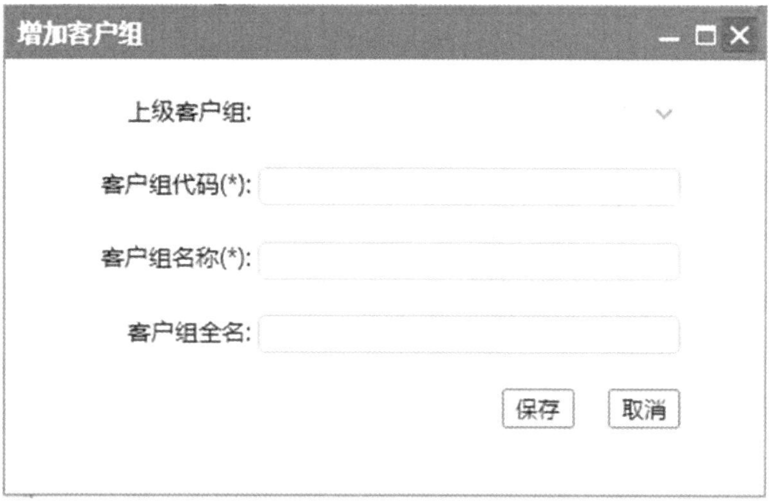

图 3-3-14　增加客户组

（3）增加客户（见图 3-3-15）：输入必填信息，选择所属客户组，单击"保存"即可。

图 3-3-15　增加客户

(八)部门数据维护

(1)部门列表(见图3-3-16):界面左侧显示部门组,右侧显示部门数据。单击左侧的部门组,可按组查看部门数据。

图3-3-16 部门列表

(2)增加部门组(见图3-3-17):选择上级部门组,输入部门组代码、名称等,单击"保存"即可。

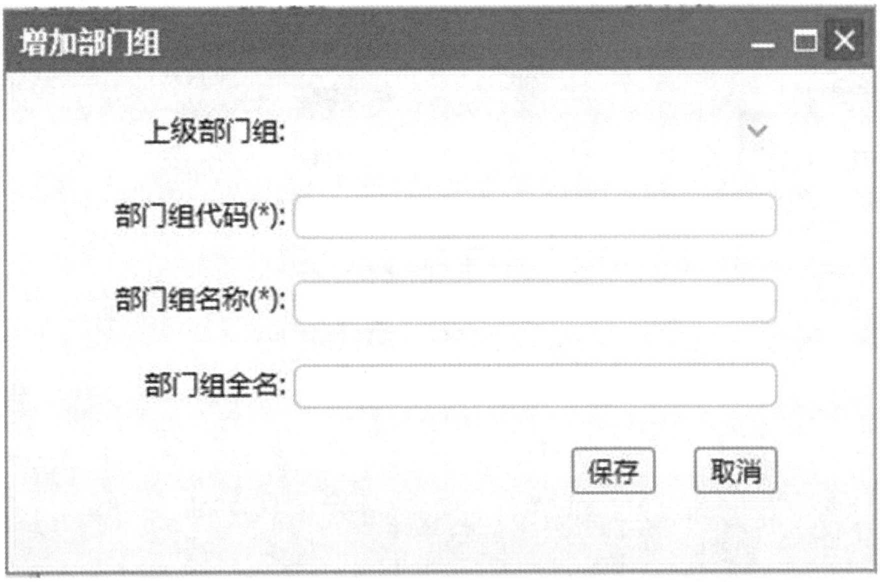

图3-3-17 增加部门组

（3）增加部门（见图3-3-18）：输入必填信息，选择所属部门组，单击"保存"即可。

图3-3-18　增加部门

（九）填制凭证

单击"填制凭证"，弹出"填制凭证"界面（见图3-3-19），在界面上可进行新凭证填制及旧凭证的查看与修改。新凭证填制过程包括选择业务（摘要会自动读取）、选择会计科目、输入科目的借方金额或贷方金额、从业务单据面板中选择单据附到凭证上，再单击"保存"，就完成了凭证的填制。

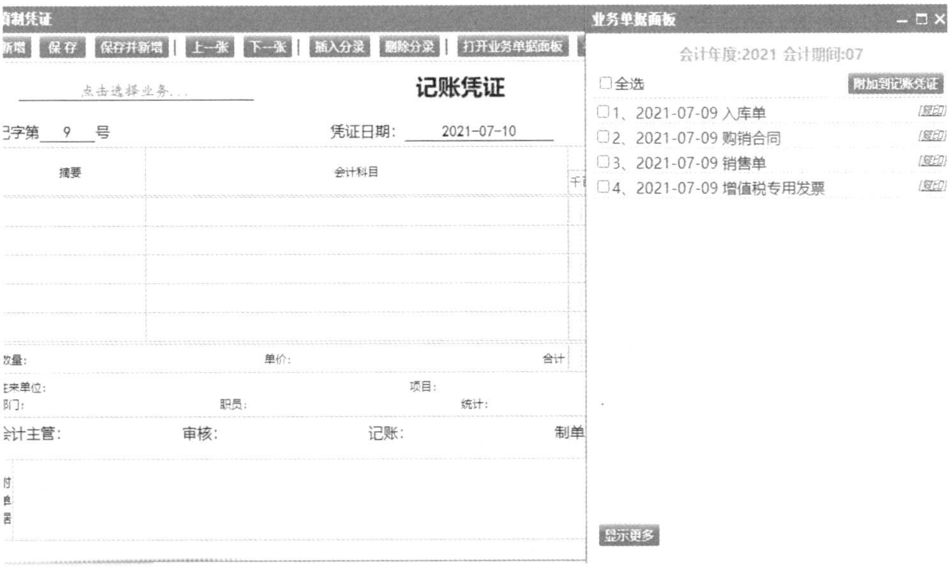

图3-3-19　"填制凭证"界面

(十)审核凭证

单击"审核凭证",获取未记账凭证列表,打开凭证详情,然后单击"复核"或"取消复核"进行复核或取消复核(见图3-3-20)。

	凭证日期	凭证号	会计科目	摘要	借方金额	贷方金额	制单人	复核人	记账人	操作
☐	2021-07-02	1	221104 应付职工薪酬-职工福利	发放高温补贴	15,200.00		唐言瓔			复核
			1001 库存现金	发放高温补贴		15,200.00				
☐	2021-07-03	2	140301 原材料-橡胶	采购材料	420,000.00		唐言瓔			复核
			22210101 应交税费-应交增值税-进项税额	采购材料	54,600.00					
			100201 银行存款-中国工商银行	采购材料		474,600.00				
☐	2021-07-03	3	100201 银行存款-中国工商银行	收贷款	549,180.00		唐言瓔			复核
			1122 应收账款	收贷款		549,180.00				
☐	2021-07-04	4	100201 银行存款-中国工商银行	销售商品	620,144.00		唐言瓔			复核
			500101 主营业务收入-篮球	销售商品		313,600.00				
			500101 主营业务收入-排球	销售商品		235,200.00				
			22210102 应交税费-应交增值税-销项税额	销售商品		71,344.00				
☐	2021-07-04	5	560214 管理费用-通讯费	支付电话费	1,000.00		唐言瓔			复核
			560113 销售费用-通讯费	支付电话费	500.00					

图3-3-20 "审核凭证"界面

(十一)记账

单击"记账",弹出"记账"界面(见图3-3-21),不断单击"下一步",跟随系统提示即可完成记账。

请输入记账范围:

凭证日期: 2021-07-01 到 2021-07-31
凭证号: □ 到 □
制单人: □
审核人: □
☑ 凭证记账前审核凭证

本期反记账 下一步 取消

图3-3-21 "记账"界面

（十二）期末结账

单击"期末结账"，弹出"期末结账"界面（见图3-3-22），跟随系统提示不断单击"下一步"，即可完成期末结账。

图3-3-22 "期末结账"界面

（十三）凭证查询及修改

单击"查询修改"，弹出"凭证查询"界面（见图3-3-23），在条件输入框中选择条件后，单击"查询"，获取凭证列表（见图3-3-24），可进行修改及删除凭证等操作。

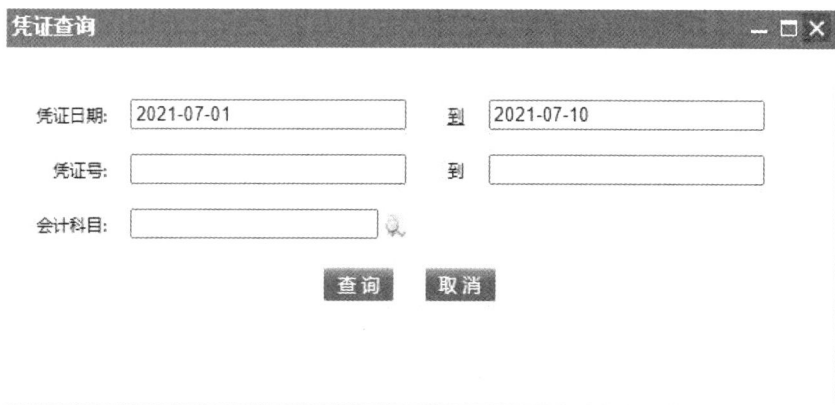

图3-3-23 "凭证查询"界面

	凭证日期	凭证号	摘要	会计科目	借方金额	贷方金额	制单人	复核人	记账人	操作
☐	2021-07-02	1	发放高温补贴	221104 应付职工薪酬-职工福利	15,200		唐言蕴			修改 删除 打印
			发放高温补贴	1001 库存现金		15,200				
☐	2021-07-03	2	采购材料	140301 原材料-橡胶	420,000		唐言蕴			修改 删除 打印
			采购材料	22210101 应交税费-应交增值税-进项税额	54,600					
			采购材料	100201 银行存款-中国工商银行		474,600				
☐	2021-07-03	3	收货款	100201 银行存款-中国工商银行	549,180		唐言蕴			修改 删除 打印
			收货款	1122 应收账款		549,180				
☐	2021-07-04	4	销售商品	100201 银行存款-中国工商银行	620,144		唐言蕴			修改 删除 打印
			销售商品	500101 主营业务收入-篮球		313,600				
			销售商品	500102 主营业务收入-排球		235,200				
			销售商品	22210102 应交税费-应交增值税-销项税额		71,344				
☐	2021-07-04	5	支付电话费	560214 管理费用-通讯费	1,000		唐言蕴			修改 删除 打印
			支付电话费	560113 销售费用-通讯费	500					
			支付电话费	22210101 应交税费-应交增值税-进项税额	135					
			支付电话费	100201 银行存款-中国工商银行		1,635				

图 3-3-24　凭证列表

(十四)结转损益

单击"结转损益",系统读取已填制凭证中的损益类科目,生成结转损益的会计分录(见图 3-3-25)。若已填制凭证中不存在损益类科目,则打开的窗口将没有会计分录。保存过程与填制凭证类似。

图 3-3-25　记账凭证

(十五)财务报表

利用报表模板编制资产负债表和利润表,系统读取已填制凭证中的科目余额,生成资产负债表(见图 3-3-26)和利润表(见图 3-3-27)。

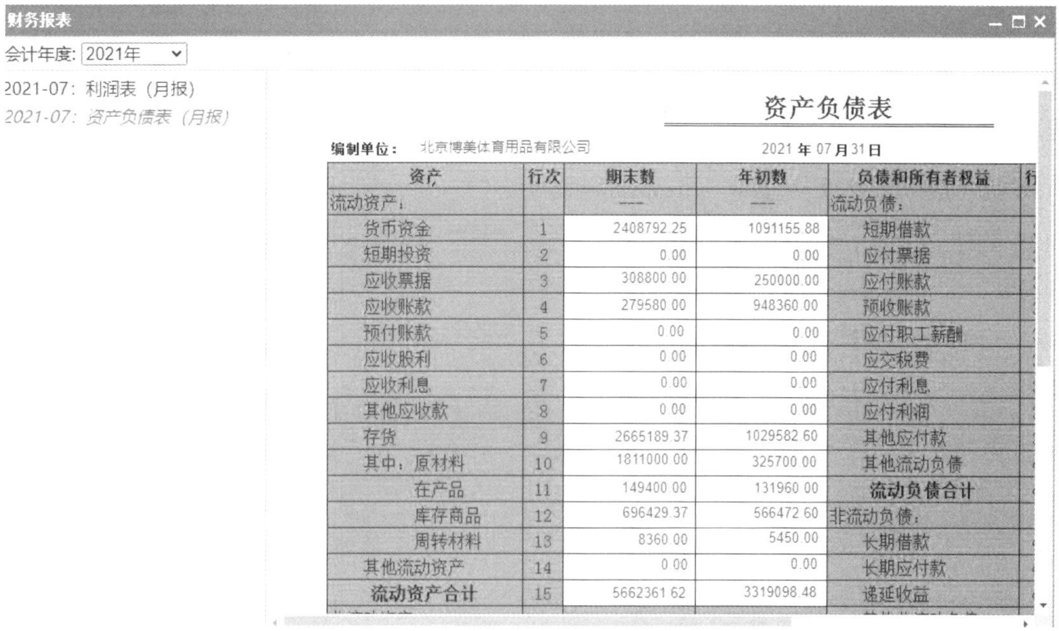
财务报表

会计年度: 2021年

2021-07：利润表（月报）

2021-07：资产负债表（月报）

资产负债表

编制单位：北京博美体育用品有限公司　　2021 年 07 月 31 日

资产	行次	期末数	年初数	负债和所有者权益
流动资产：		---	---	流动负债：
货币资金	1	2408792.25	1091155.88	短期借款
短期投资	2	0.00	0.00	应付票据
应收票据	3	308800.00	250000.00	应付账款
应收账款	4	279580.00	948360.00	预收账款
预付账款	5	0.00	0.00	应付职工薪酬
应收股利	6	0.00	0.00	应交税费
应收利息	7	0.00	0.00	应付利息
其他应收款	8	0.00	0.00	应付利润
存货	9	2665189.37	1029582.60	其他应付款
其中：原材料	10	1811000.00	325700.00	其他流动负债
在产品	11	149400.00	131960.00	流动负债合计
库存商品	12	696429.37	566472.60	非流动负债：
周转材料	13	8360.00	5450.00	长期借款
其他流动资产	14	0.00	0.00	长期应付款
流动资产合计	15	5662361.62	3319098.48	递延收益

图 3-3-26　资产负债表

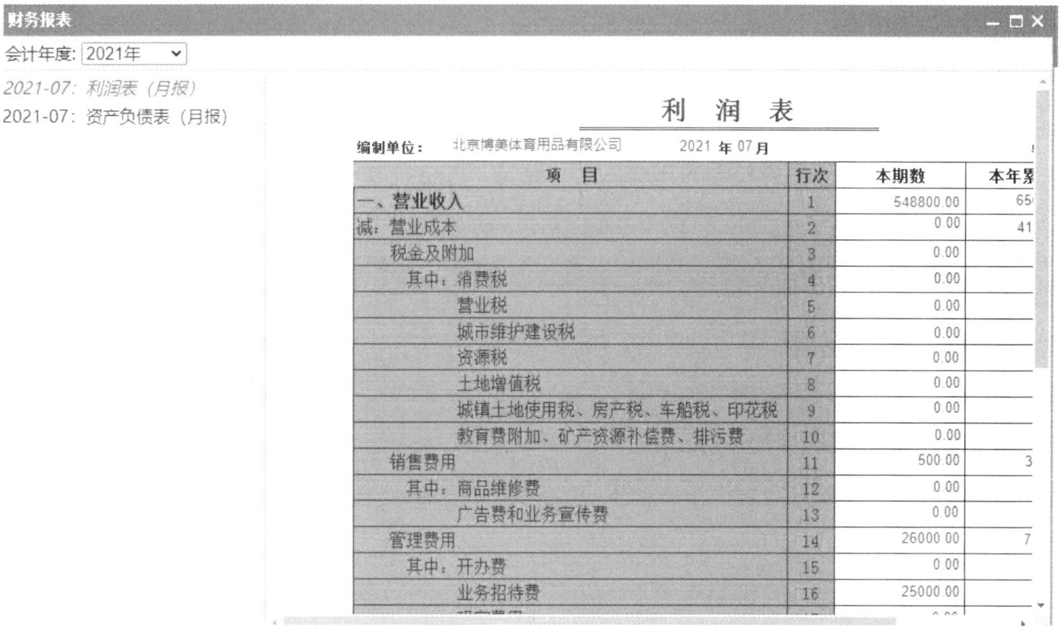
财务报表

会计年度: 2021年

2021-07：利润表（月报）

2021-07：资产负债表（月报）

利　润　表

编制单位：北京博美体育用品有限公司　　2021 年 07 月

项　目	行次	本期数	本年累
一、营业收入	1	548800.00	65
减：营业成本	2	0.00	41
税金及附加	3	0.00	
其中：消费税	4	0.00	
营业税	5	0.00	
城市维护建设税	6	0.00	
资源税	7	0.00	
土地增值税	8	0.00	
城镇土地使用税、房产税、车船税、印花税	9	0.00	
教育费附加、矿产资源补偿费、排污费	10	0.00	
销售费用	11	500.00	3
其中：商品维修费	12	0.00	
广告费和业务宣传费	13	0.00	
管理费用	14	26000.00	7
其中：开办费	15	0.00	
业务招待费	16	25000.00	

图 3-3-27　利润表

（十六）明细账

单击“明细账”，选择具体的明细科目，可查看该科目在某一期的期初余额、累计发生、期末余额等情况，如图 3-3-28 所示。

图 3-3-28 明细账

(十七)总账

单击"总账",选择具体的总账科目,可查看该总账科目在某一期的期初余额、累计发生、期末余额等情况,如图 3-3-29 所示。

图 3-3-29 总账

（十八）科目余额表

单击“科目余额表”，可按期、按区间查询期初余额、发生额等情况，如图3-3-30所示。

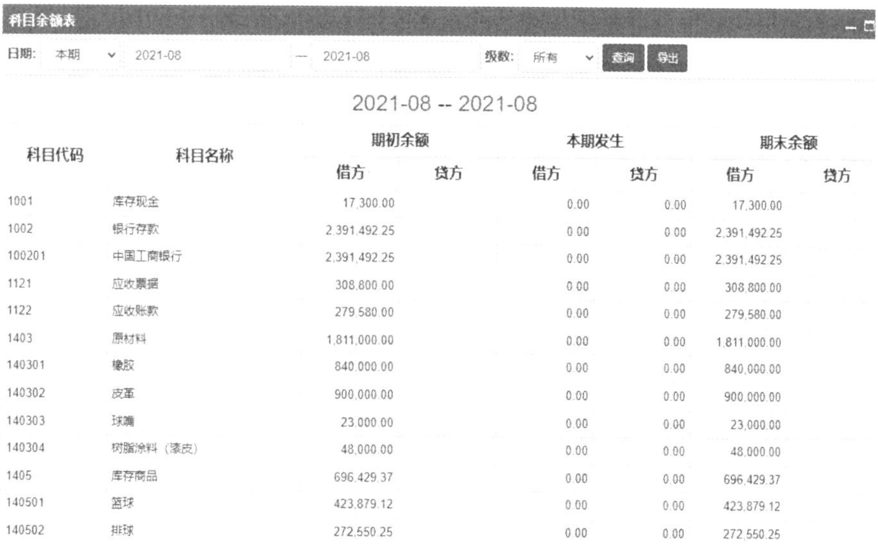

科目代码	科目名称	期初余额		本期发生		期末余额	
		借方	贷方	借方	贷方	借方	贷方
1001	库存现金	17,300.00		0.00	0.00	17,300.00	
1002	银行存款	2,391,492.25		0.00	0.00	2,391,492.25	
100201	中国工商银行	2,391,492.25		0.00	0.00	2,391,492.25	
1121	应收票据	308,800.00		0.00	0.00	308,800.00	
1122	应收账款	279,580.00		0.00	0.00	279,580.00	
1403	原材料	1,811,000.00		0.00	0.00	1,811,000.00	
140301	橡胶	840,000.00		0.00	0.00	840,000.00	
140302	皮革	900,000.00		0.00	0.00	900,000.00	
140303	球嘴	23,000.00		0.00	0.00	23,000.00	
140304	树脂涂料（漆皮）	48,000.00		0.00	0.00	48,000.00	
1405	库存商品	696,429.37		0.00	0.00	696,429.37	
140501	篮球	423,879.12		0.00	0.00	423,879.12	
140502	排球	272,550.25		0.00	0.00	272,550.25	

图3-3-30　科目余额表

（十九）人员管理

以管理员的身份登录电算化系统，可进行人员管理、添加人员、设置角色、设置密码、赋予操作权限等操作，人员管理如图3-3-31所示，添加人员如图3-3-32所示。

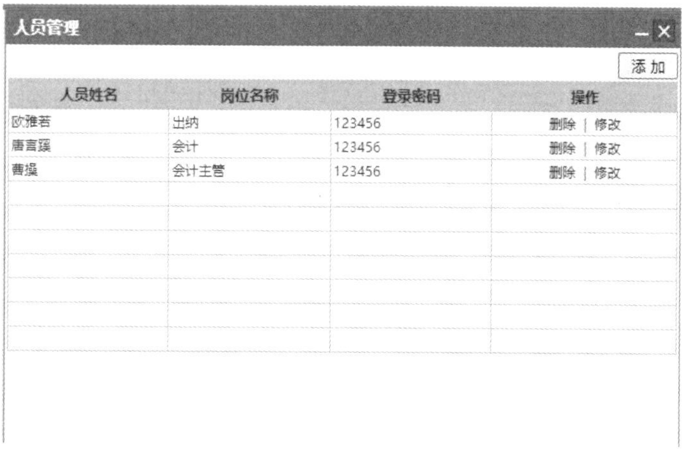

人员姓名	岗位名称	登录密码	操作
欧雅若	出纳	123456	删除 | 修改
唐言蹊	会计	123456	删除 | 修改
曹操	会计主管	123456	删除 | 修改

图3-3-31　人员管理

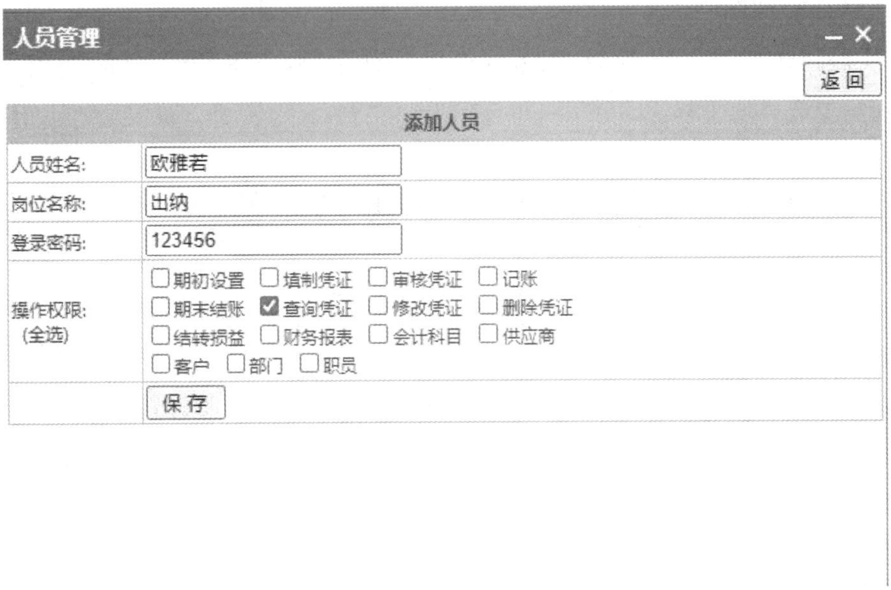

图 3-3-32　添加人员

三、开票系统

开票系统可进行发票读入、填开、查询等操作。

(一)登录系统

选择操作员,输入口令,登录系统,如图 3-3-33 所示。

图 3-3-33　登录系统

(二)系统设置

系统设置包含参数设置、客户编码、商品编码等,如图 3-3-34 所示。

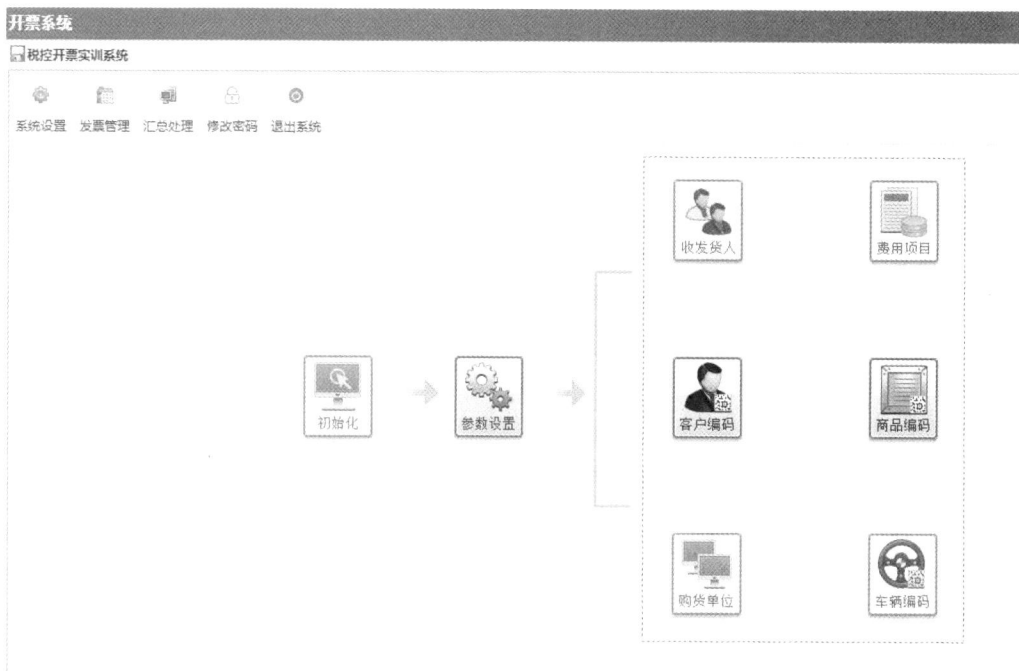

图 3 - 3 - 34 系统设置

（1）单击"参数设置"，可修改企业基本信息（仅限管理员，开票员身份无法修改），如图 3 - 3 - 35 所示。

图 3 - 3 - 35 参数设置

（2）单击"客户编码"，可对客户信息进行查询、添加、修改和删除等操作，如图 3-3-36 所示。

图 3-3-36　客户编码

页面底部如图 3-3-37 所示。

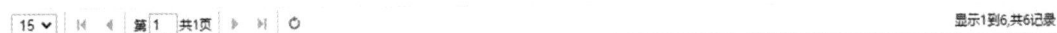

图 3-3-37　页面底部

（3）商品编码的操作方式与客户编码相同（见图 3-3-38）。

图 3-3-38　商品编码

(三) 发票管理

发票管理包含发票读入、库存查询、发票填开、发票查询、发票作废以及信息表等操作，如图 3-3-39 所示。

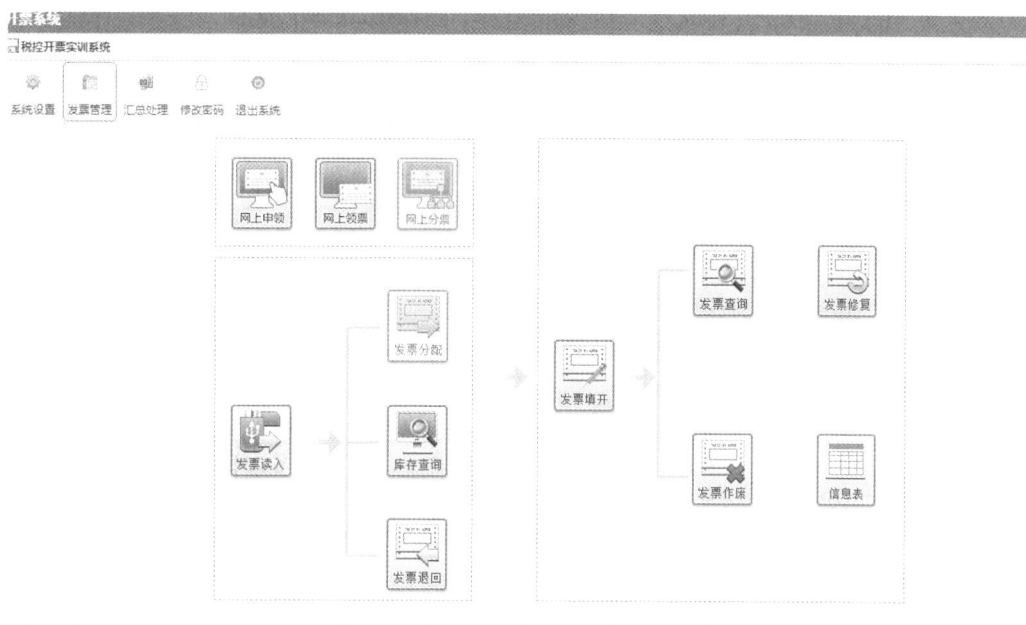

图 3 - 3 - 39　发票管理

（1）发票读入：操作员可单击"发票读入"来读取发票，如图 3 - 3 - 40 所示。

图 3 - 3 - 40　发票读入

（2）库存查询：单击"库存查询"，可查看读入的发票情况，也可根据不同条件查看发票库存，如图 3 - 3 - 41 所示。

发票种类	开票限额	类别代码	类别名称	起始号码	发票张数	领购日期
增值税专用发票	100000	1100167890	增值税专用发票	33315617	83	2021/06/01 13:22:03
增值税普通发票	100000	1100231640	增值税普通发票	25897021	49	2021/06/01 13:22:03

图 3 - 3 - 41　库存查询

（3）发票填开：单击"发票填开"，选择发票类型，核对发票信息，如图 3 - 3 - 42 所示。

发票号码确认

现在显示的为将要开具的发票的种类、代码、号码，请认真核对装入打印机中的纸质发票的种类、代码、号码是否与之一致，如一致，可执行打印操作；如不一致，请予以更换。请确认是否填开本张发票？

发票种类： 普通发票

发票类别： 1100231640

发票号码： 25897021

确定　　　取消

图 3 - 3 - 42　发票填开

【微课】
开具增值税发票

① 进入"发票填开"界面进行发票填开，如图 3 - 3 - 43 所示。购买方信息可直接填写，也可双击读取已有信息，此时会弹出之前录好的客户编码，然后双击选择客户即可填写其他信息（见图 3 - 3 - 44）。

图 3 - 3 - 43　发票填开

图 3-3-44 客户选择

② 商品信息可手动填写,也可双击选择已有信息(税率默认 13%),双击商品再填写其他商品信息。商品选择如图 3-3-45 所示。

图 3-3-45 商品选择

③ 发票填开完成,单击"打印",会弹出一个预览信息,如图3-3-46所示。连接打印机,单击打印预览页面的"打印",即可打印发票。

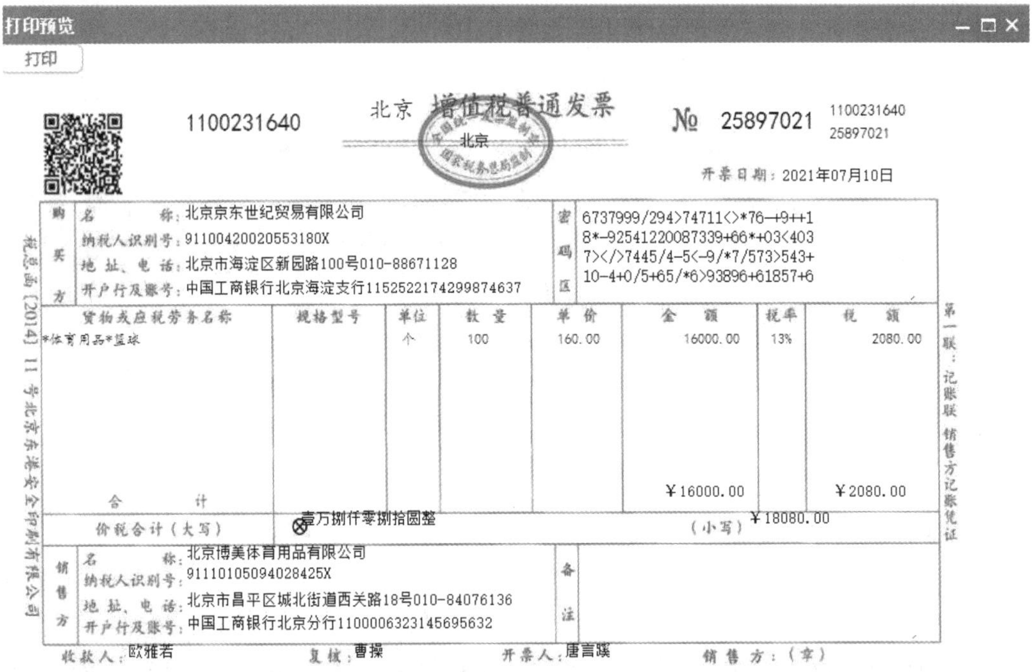

图3-3-46 打印预览页面

④ 发票填开页面中部分按钮(见图3-3-47)的含义如下。

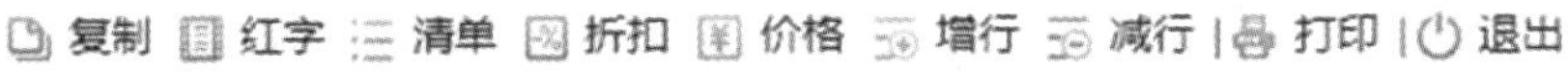

图3-3-47 发票填开页面中部分按钮

a. 红字:填开红字发票。

开具红字增值税普通发票:输入已填开的蓝色增值税普通发票的发票代码和号码,单击"下一步"可查看发票信息,确定信息无误后单击"确定",如图3-3-48所示。

开具红字增值税专用发票:单击"直接开具",填写信息表编号并确认(见图3-3-49),核对发票信息,填开红字专用发票。或者单击"导入网络下载红字发票信息表",打开信息表,双击选中的信息表,会自动显示对应的红字专用发票,如图3-3-50所示。

【微课】
开具红字增值税
专用发票

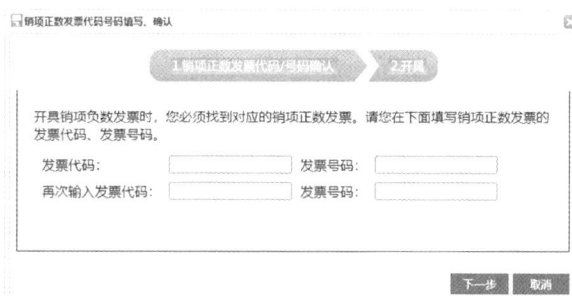

图 3-3-48 开具红字增值税普通发票

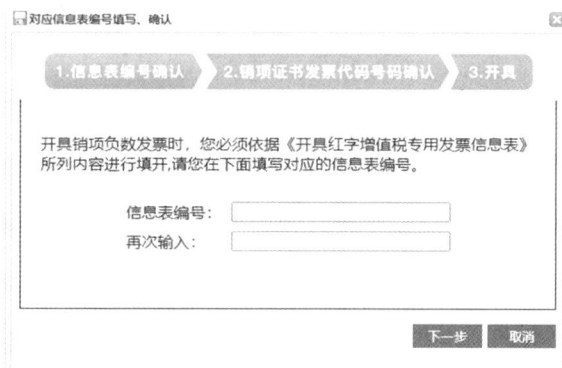

图 3-3-49 红字增值税发票对应信息表

图 3-3-50 红字专用发票

b. 清单:只有当发票填开页面没有填写商品信息时才可以使用清单功能,清单填开页面也可以双击选择商品信息,填写完单击"完成"返回发票填开页面。想查看填写的销货清单时,选中商品,单击"清单"即可。

c. 折扣:用于对商品进行折扣计算,输入折扣率,单击"确定"即可,如图 3-3-51 所示。

图 3-3-51　添加折扣

d. 价格:用于切换含税和不含税的单价和金额。

e. 增行:用于增加商品行(也可按"↓"键增行),如图 3-3-52 所示。

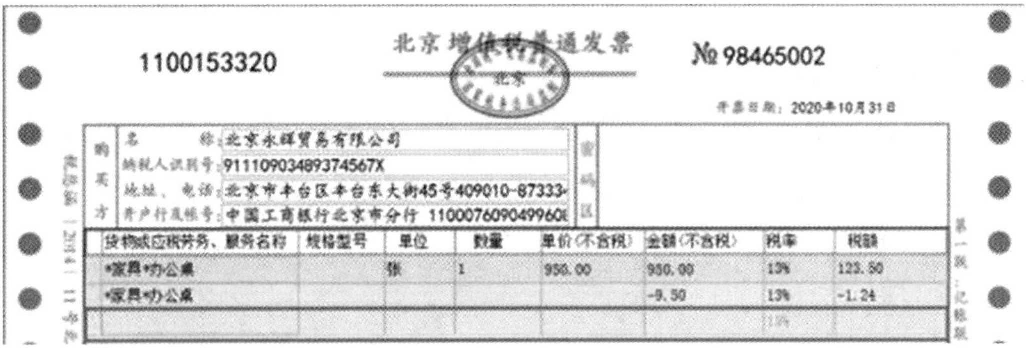

图 3-3-52　发票增加商品行

f. 减行:用于减少商品行。

g. 打印:用于保存发票并打印发票。

h. 退出:用于关闭窗口。

(4)发票查询:用于查询所填开的发票。

单击"发票查询",选择要查询的发票的年份和月份,如图 3-3-53 所示。

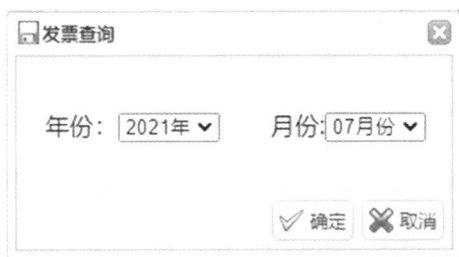

图 3－3－53　发票查询

选中一行，单击“查看明细”（或者直接双击某一行），即可查看该发票明细，如图 3－3－54 所示。

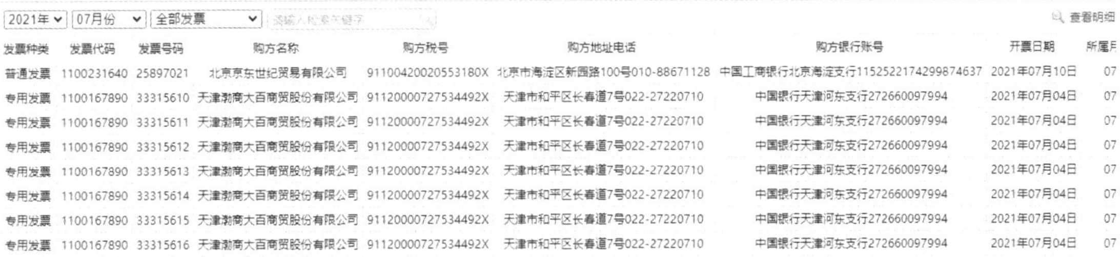

发票种类	发票代码	发票号码	购方名称	购方税号	购方地址电话	购方银行账号	开票日期	所属月
普通发票	1100231640	25897021	北京京东世纪贸易有限公司	91100420020553180X	北京市海淀区新园路100号010-88671128	中国工商银行北京海淀支行1152522174299874637	2021年07月10日	07
专用发票	1100167890	33315610	天津渤商大百商贸股份有限公司	91120000727534492X	天津市和平区长春道7号022-27220710	中国银行天津河东支行272660097994	2021年07月04日	07
专用发票	1100167890	33315611	天津渤商大百商贸股份有限公司	91120000727534492X	天津市和平区长春道7号022-27220710	中国银行天津河东支行272660097994	2021年07月04日	07
专用发票	1100167890	33315612	天津渤商大百商贸股份有限公司	91120000727534492X	天津市和平区长春道7号022-27220710	中国银行天津河东支行272660097994	2021年07月04日	07
专用发票	1100167890	33315613	天津渤商大百商贸股份有限公司	91120000727534492X	天津市和平区长春道7号022-27220710	中国银行天津河东支行272660097994	2021年07月04日	07
专用发票	1100167890	33315614	天津渤商大百商贸股份有限公司	91120000727534492X	天津市和平区长春道7号022-27220710	中国银行天津河东支行272660097994	2021年07月04日	07
专用发票	1100167890	33315615	天津渤商大百商贸股份有限公司	91120000727534492X	天津市和平区长春道7号022-27220710	中国银行天津河东支行272660097994	2021年07月04日	07
专用发票	1100167890	33315616	天津渤商大百商贸股份有限公司	91120000727534492X	天津市和平区长春道7号022-27220710	中国银行天津河东支行272660097994	2021年07月04日	07

图 3－3－54　发票明细

发票明细页面中各个按钮（见图 3－3－55）的操作方式与发票填开页面上一样。

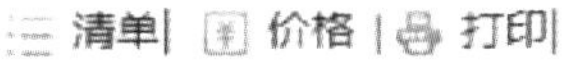

图 3－3－55　发票明细页中的按钮

（5）发票作废：用于查询当月未作废的发票，并可以对发票进行作废。可在发票列表中作废发票，也可在发票明细页面作废发票。发票列表如图 3－3－56 所示，发票明细页面如图 3－3－57 所示。

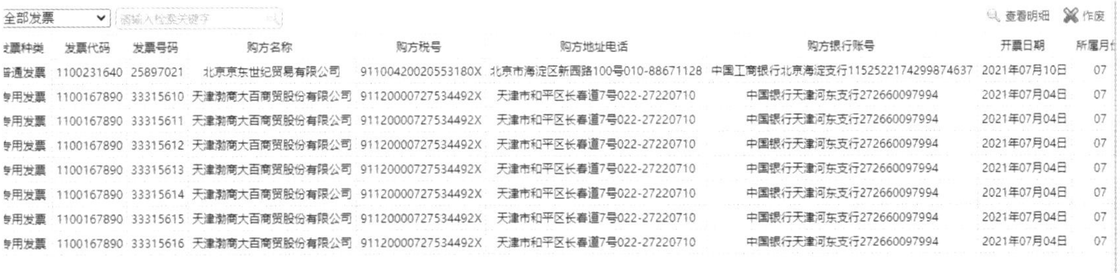

发票种类	发票代码	发票号码	购方名称	购方税号	购方地址电话	购方银行账号	开票日期	所属月份
普通发票	1100231640	25897021	北京京东世纪贸易有限公司	91100420020553180X	北京市海淀区新园路100号010-88671128	中国工商银行北京海淀支行1152522174299874637	2021年07月10日	07
专用发票	1100167890	33315610	天津渤商大百商贸股份有限公司	91120000727534492X	天津市和平区长春道7号022-27220710	中国银行天津河东支行272660097994	2021年07月04日	07
专用发票	1100167890	33315611	天津渤商大百商贸股份有限公司	91120000727534492X	天津市和平区长春道7号022-27220710	中国银行天津河东支行272660097994	2021年07月04日	07
专用发票	1100167890	33315612	天津渤商大百商贸股份有限公司	91120000727534492X	天津市和平区长春道7号022-27220710	中国银行天津河东支行272660097994	2021年07月04日	07
专用发票	1100167890	33315613	天津渤商大百商贸股份有限公司	91120000727534492X	天津市和平区长春道7号022-27220710	中国银行天津河东支行272660097994	2021年07月04日	07
专用发票	1100167890	33315614	天津渤商大百商贸股份有限公司	91120000727534492X	天津市和平区长春道7号022-27220710	中国银行天津河东支行272660097994	2021年07月04日	07
专用发票	1100167890	33315615	天津渤商大百商贸股份有限公司	91120000727534492X	天津市和平区长春道7号022-27220710	中国银行天津河东支行272660097994	2021年07月04日	07
专用发票	1100167890	33315616	天津渤商大百商贸股份有限公司	91120000727534492X	天津市和平区长春道7号022-27220710	中国银行天津河东支行272660097994	2021年07月04日	07

图 3－3－56　发票列表

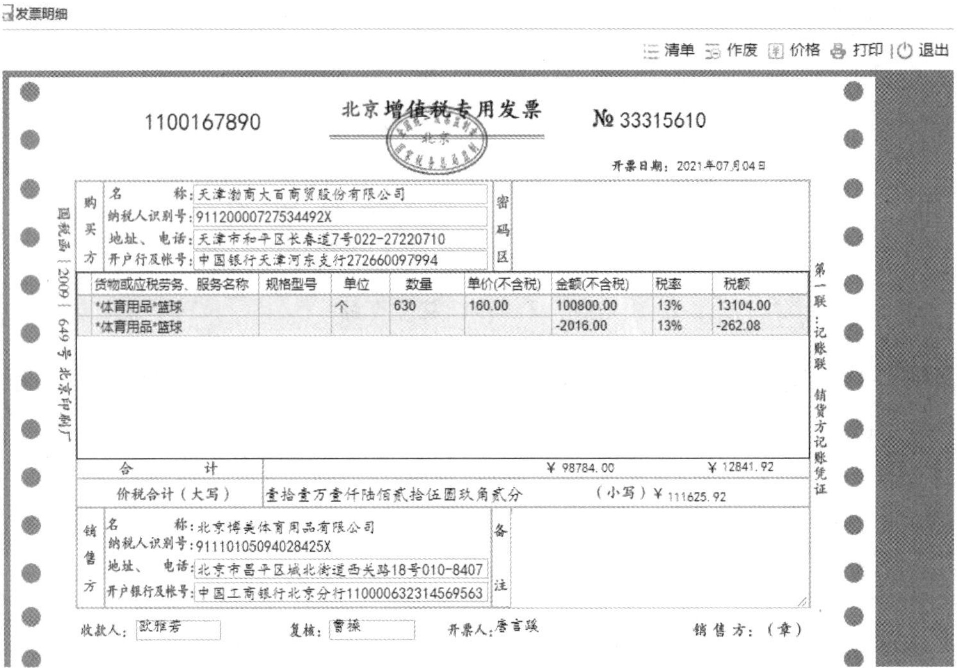

图 3-3-57　发票明细页面

（6）信息表：用于填开红字增值税专用发票信息。按要求勾选信息表选项，并填入蓝色专用发票的代码和号码（选择已抵扣的不用填写，直接单击"确认"），单击"下一步"，核对发票信息，如图 3-3-58 所示。

图 3-3-58　红字增值税专用发票信息表信息选择

信息表填开页面(见图 3-3-59)的操作方式与发票填开相同。

图 3-3-59　信息表填开页面

(四)报税处理

报税处理包含上报汇总、远程清卡、资料传出、状态查询、月度统计、发票资料、修改密码,如图 3-3-60 所示。

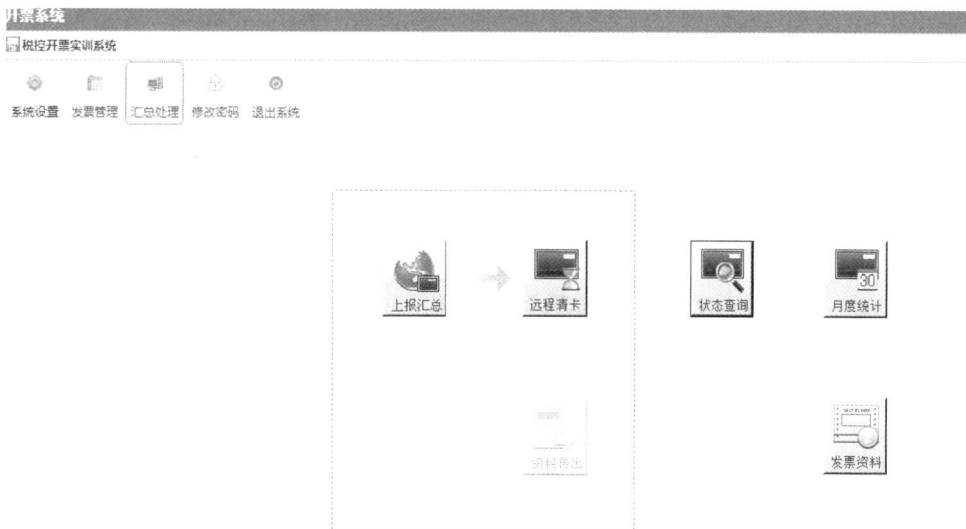

图 3-3-60　报税处理

(1)上报汇总:上报数据。

(2)远程清卡:清除报税状态。

（3）资料传出：用于抄税。

（4）状态查询：用于查看金税设备信息和增值税专、普票信息。

（5）月度统计：用于查看各个月份的发票汇总信息。选择查询条件，单击"确定"即可查看，如图3-3-61所示。

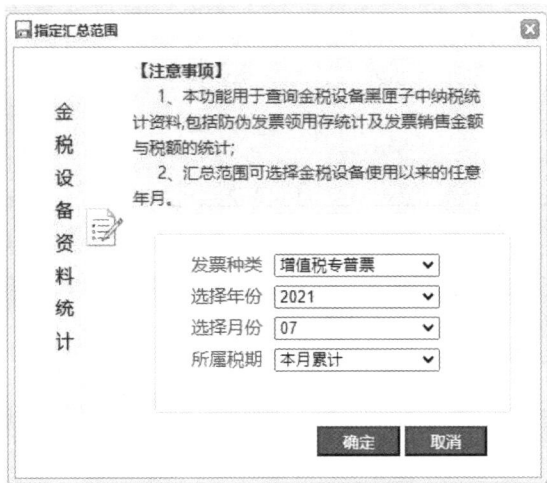

图3-3-61　指定汇总范围

进入发票信息汇总界面，单击按钮可切换专用发票和普通发票，如图3-3-62所示。

图3-3-62　发票信息汇总界面

(6)发票资料：用于查看各个月份的发票信息，如图 3－3－63 所示。

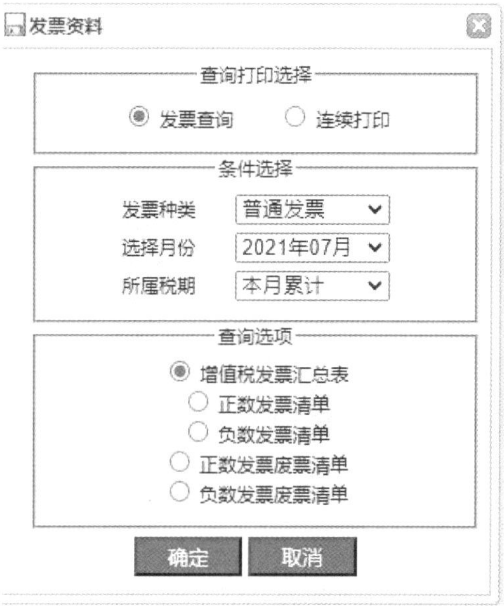

图 3－3－63　发票资料

选择查询选项，可以进入不同展示页面。增值税发票汇总表页面如图 3－3－64 所示。

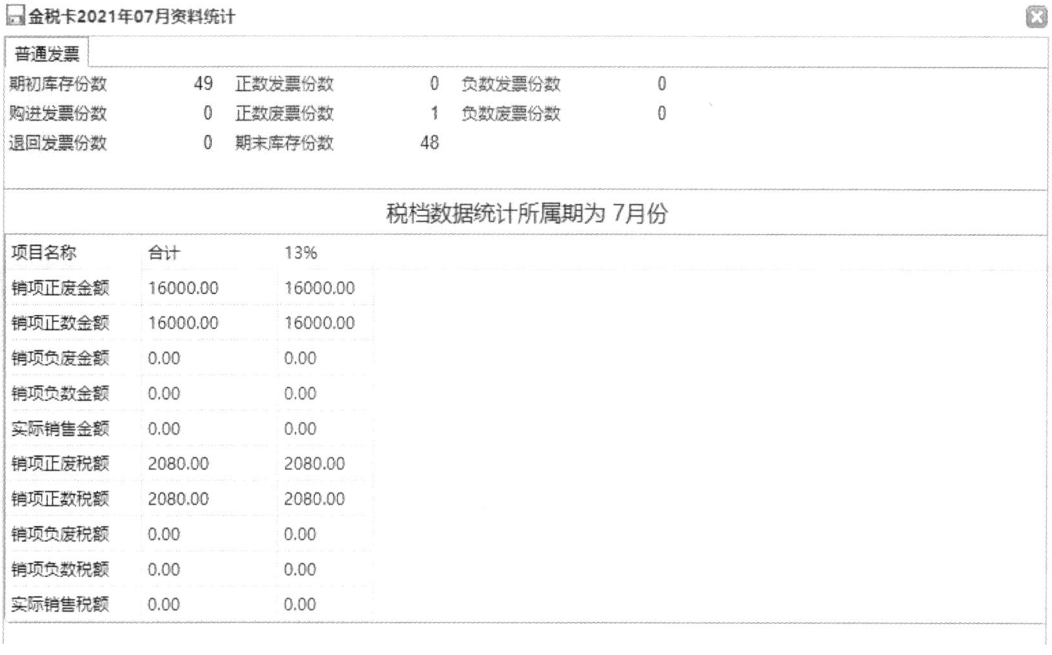
金税卡2021年07月资料统计

普通发票

期初库存份数	49	正数发票份数	0	负数发票份数	0
购进发票份数	0	正数废票份数	1	负数废票份数	0
退回发票份数	0	期末库存份数	48		

税档数据统计所属期为 7月份

项目名称	合计	13%
销项正废金额	16000.00	16000.00
销项正数金额	16000.00	16000.00
销项负废金额	0.00	0.00
销项负数金额	0.00	0.00
实际销售金额	0.00	0.00
销项正废税额	2080.00	2080.00
销项正数税额	2080.00	2080.00
销项负废税额	0.00	0.00
销项负数税额	0.00	0.00
实际销售税额	0.00	0.00

图 3－3－64　增值税发票汇总表页面

（7）修改密码：用于修改当前用户的密码。输入新密码，单击"保存"即可，如图 3 - 3 - 65 所示。

图 3 - 3 - 65　修改密码

四、网上税务局——网上办税

(一)登录操作

登录页面如图 3 - 3 - 66 所示。

图 3 - 3 - 66　登录页面

主页如图 3 - 3 - 67 所示。

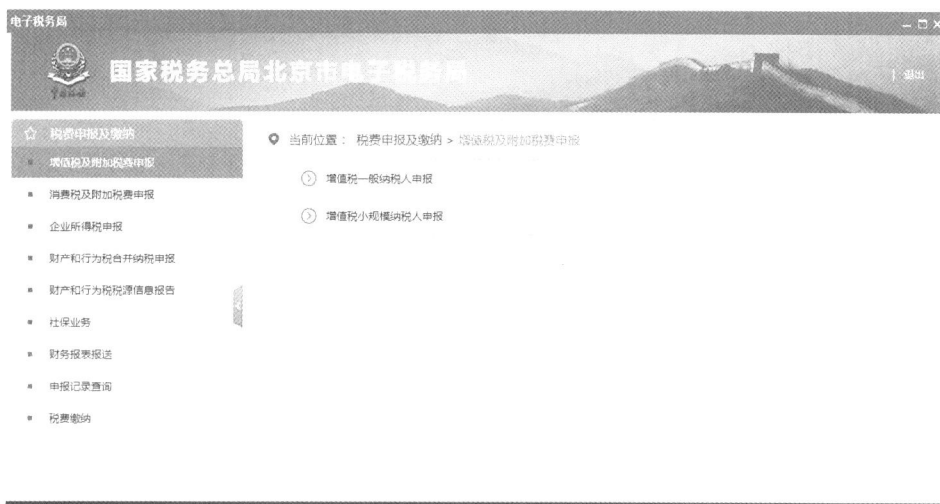

图 3 - 3 - 67 主页

(二)企业所得税

有"必报"字样的表单必须进行操作,如图 3 - 3 - 68 所示。

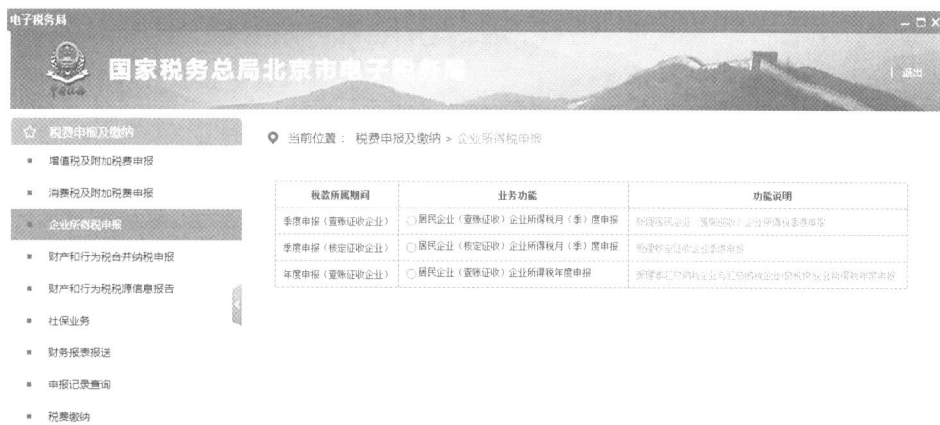

图 3 - 3 - 68 企业所得税首页

【微课】
企业所得税申报(一)

【微课】
企业所得税申报(二)

企业所得税填写报表顺序如下：

（1）企业所得税月（季）度预缴纳税申报表（A类）；

（2）不征税收入和税基类减免应纳税所得额明细表；

（3）固定资产加速折旧（扣除）明细表；

（4）减免所得税额明细表；

（5）企业所得税月（季）度预缴纳税申报表（A类）。

申报企业所得税填表顺序：先填写主表，后填写附表，再保存主表。

第一步：对企业所得税月（季）度预缴纳税申报表（A类）进行操作，如图3-3-69和图3-3-70所示。

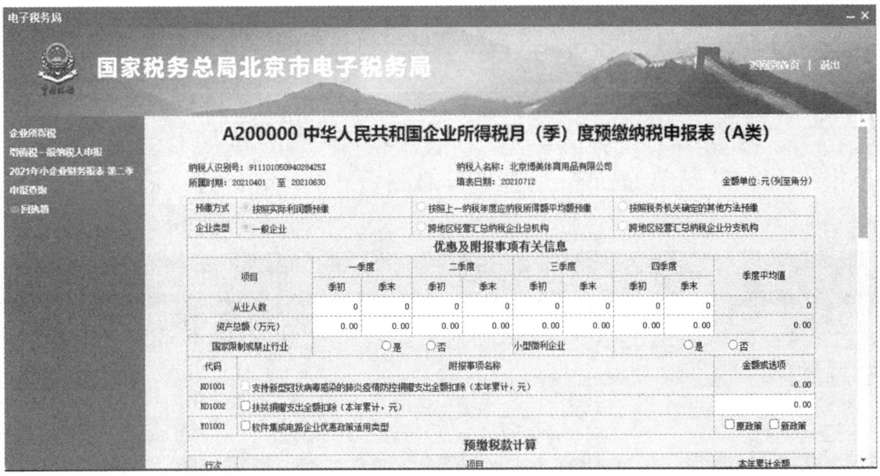

图3-3-69　企业所得税申报表

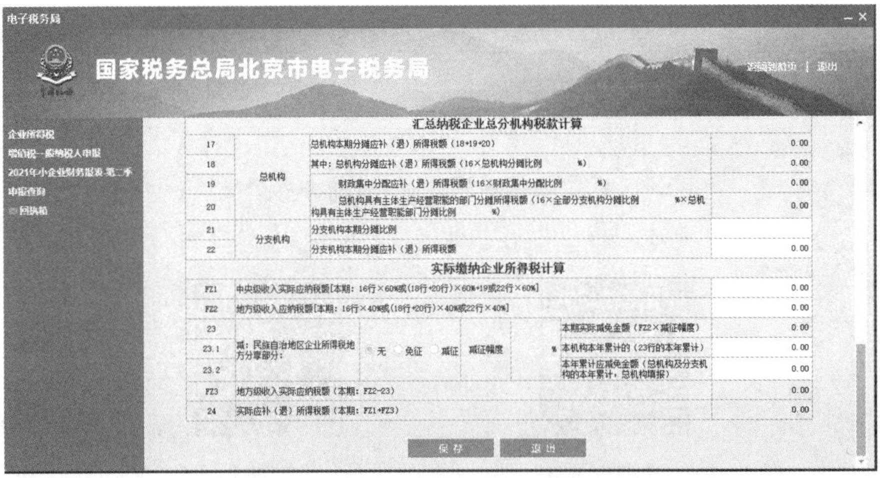

图3-3-70　税款计算

第二步:对企业所得税附表进行操作。

第三步:在填写完所有企业所得税必报的表单之后,对企业所得税月(季)度预缴纳税申报表(A类)进行操作,如图3-3-71所示。

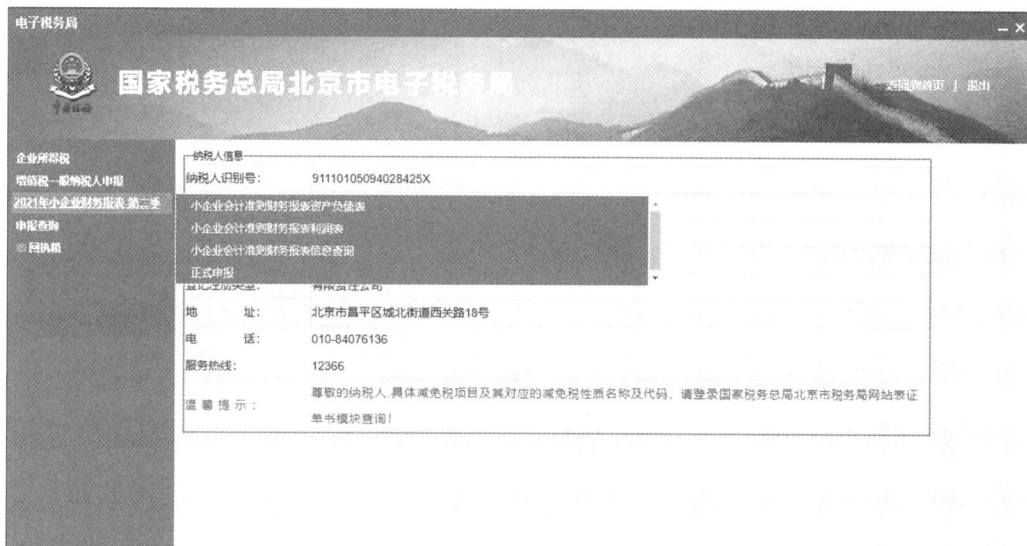

图3-3-71　操作企业所得税月(季)度预缴纳税申报表(A类)

第四步:核对完毕,确认信息无误后,提交申报企业所得税,如图3-3-72所示。

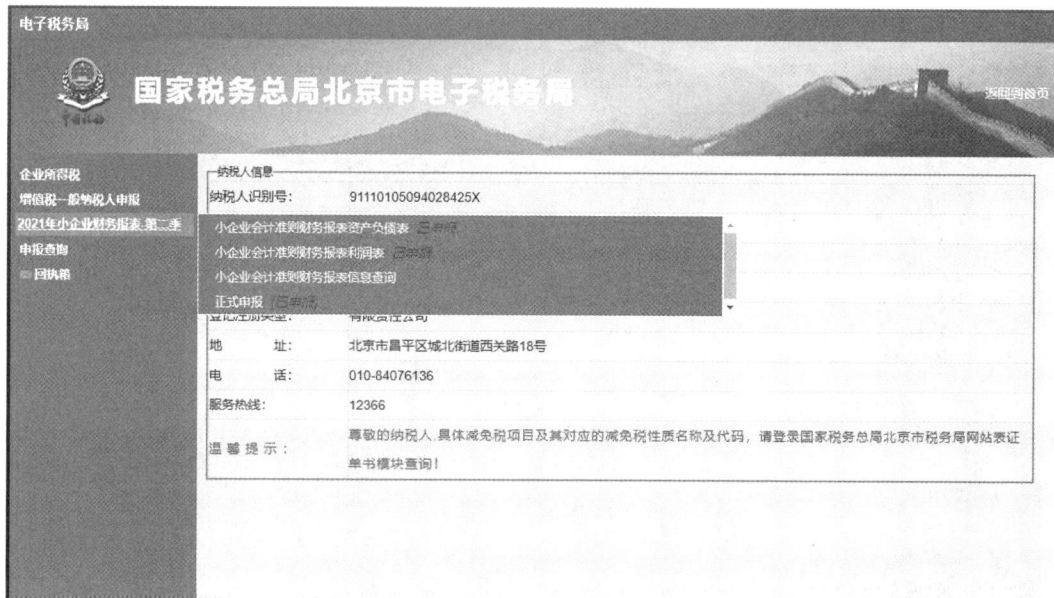

图3-3-72　正式申报企业所得税

(三)增值税

第一步:报表填写。选择"增值税",按操作顺序选择报表进行相应的操作。图中标有"必报"字样的表单必须进行操作,若忘记操作或操作不当,系统将进行相应的提示,如图3-3-73和图3-3-74所示。

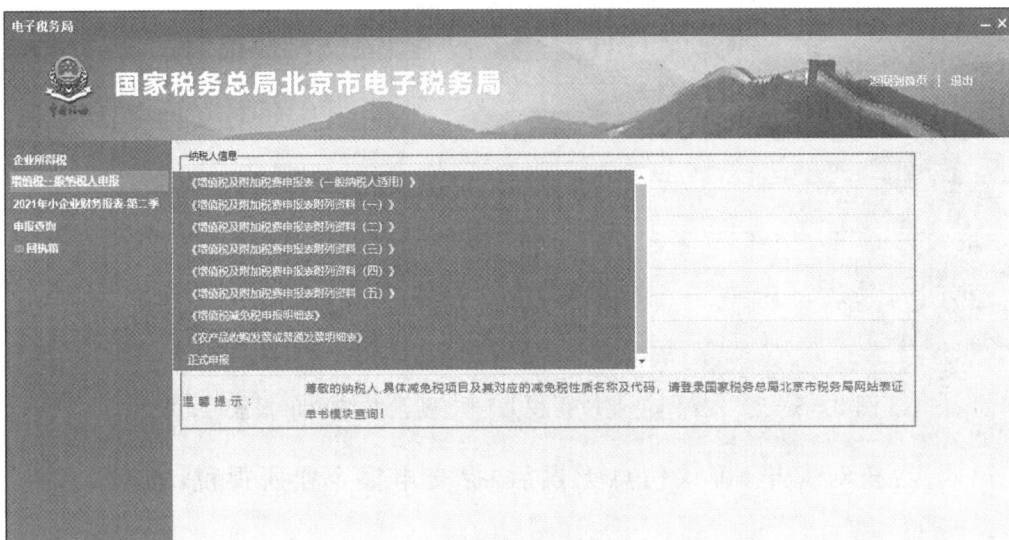

图3-3-73 操作增值税申报表(1)

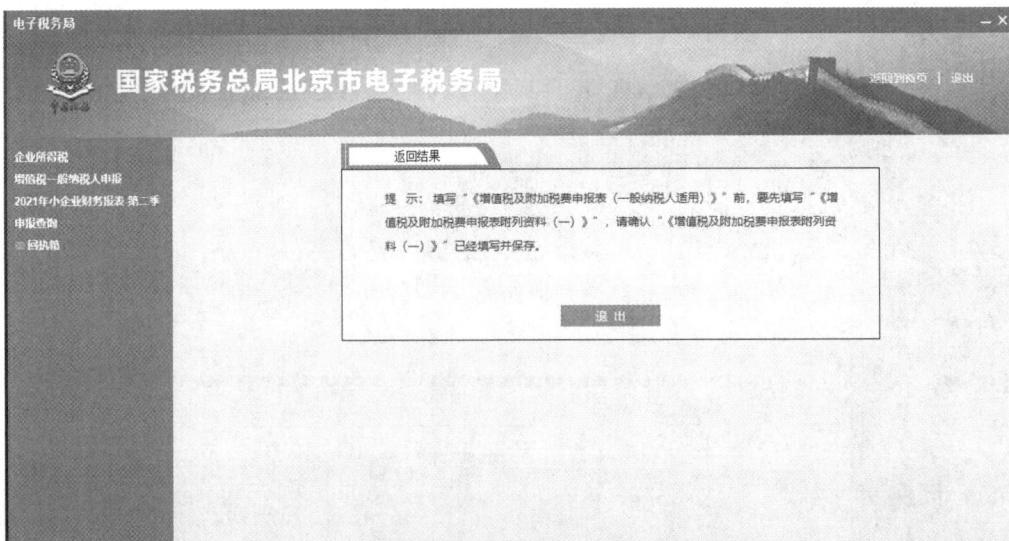

图3-3-74 操作增值税申报表(2)

增值税申报表必填表单填表顺序如下：①增值税申报表附列资料 1；②增值税申报表附列资料 2；③增值税申报表附列资料 3；④增值税申报表附列资料 4。

第二步：按顺序填写表单。例如，在未对增值税申报表附列资料 1 进行操作之前，本处仅有两个操作按钮（见图 3－3－75～图 3－3－77），若已经操作完毕，本处将多一个按钮。

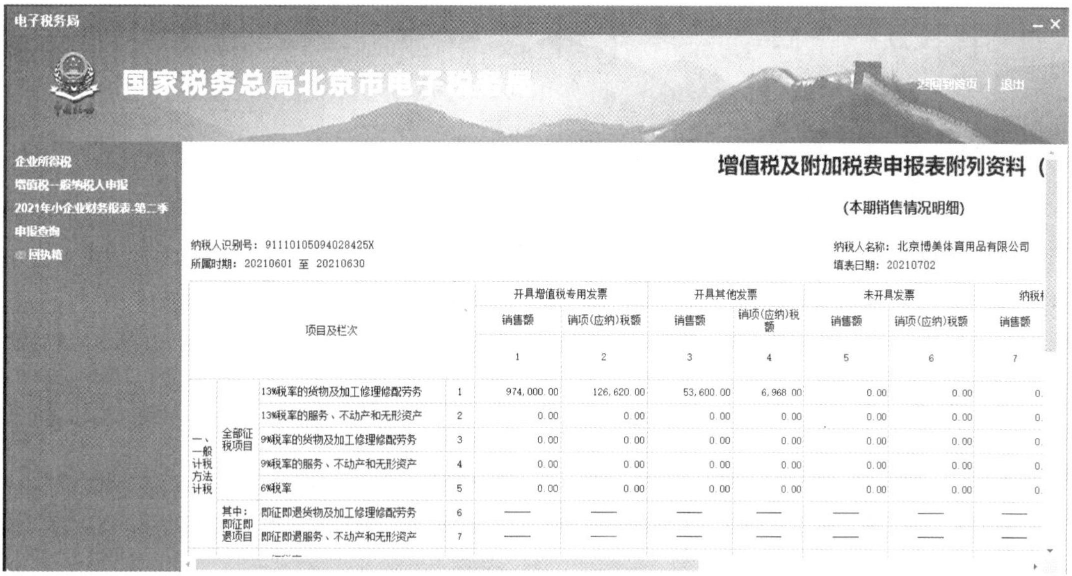

项目及栏次				开具增值税专用发票 销售额 1	开具增值税专用发票 销项(应纳)税额 2	开具其他发票 销售额 3	开具其他发票 销项(应纳)税额 4	未开具发票 销售额 5	未开具发票 销项(应纳)税额 6	纳税… 销售额 7
一、一般计税方法计税	全部征税项目	13%税率的货物及加工修理修配劳务	1	974,000.00	126,620.00	53,600.00	6,968.00	0.00	0.00	0.
		13%税率的服务、不动产和无形资产	2	0.00	0.00	0.00	0.00	0.00	0.00	0.
		9%税率的货物及加工修理修配劳务	3	0.00	0.00	0.00	0.00	0.00	0.00	0.
		9%税率的服务、不动产和无形资产	4	0.00	0.00	0.00	0.00	0.00	0.00	0.
		6%税率	5	0.00	0.00	0.00	0.00	0.00	0.00	0.
	其中：即征即退项目	即征即退货物及加工修理修配劳务	6	——	——	——	——	——	——	——
		即征即退服务、不动产和无形资产	7	——	——	——	——	——	——	——

图 3－3－75　增值税申报表附列资料(1)

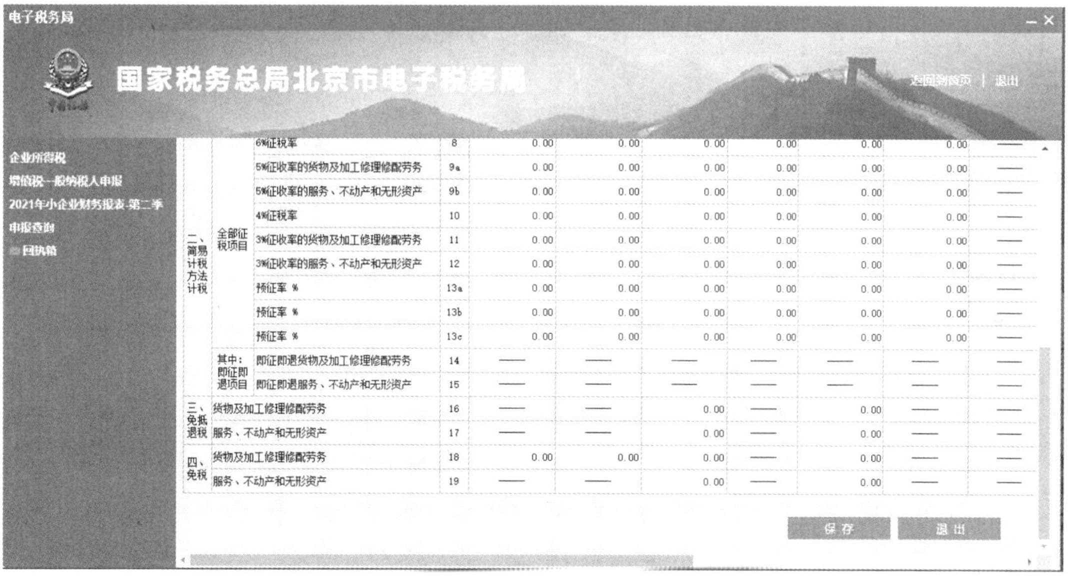

二、简易计税方法计税	全部征税项目	6%征收率	8	0.00	0.00	0.00	0.00	0.00	0.00	——
		5%征收率的货物及加工修理修配劳务	9a	0.00	0.00	0.00	0.00	0.00	0.00	——
		5%征收率的服务、不动产和无形资产	9b	0.00	0.00	0.00	0.00	0.00	0.00	——
		4%征收率	10	0.00	0.00	0.00	0.00	0.00	0.00	——
		3%征收率的货物及加工修理修配劳务	11	0.00	0.00	0.00	0.00	0.00	0.00	——
		3%征收率的服务、不动产和无形资产	12	0.00	0.00	0.00	0.00	0.00	0.00	——
		预征率 %	13a	0.00	0.00	0.00	0.00	0.00	0.00	——
		预征率 %	13b	0.00	0.00	0.00	0.00	0.00	0.00	——
		预征率 %	13c	0.00	0.00	0.00	0.00	0.00	0.00	——
	其中：即征即退项目	即征即退货物及加工修理修配劳务	14	——	——	——	——	——	——	——
		即征即退服务、不动产和无形资产	15	——	——	——	——	——	——	——
三、免抵退税		货物及加工修理修配劳务	16	——	——	0.00	——	0.00	——	——
		服务、不动产和无形资产	17	——	——	0.00	——	0.00	——	——
四、免税		货物及加工修理修配劳务	18	0.00	0.00	0.00	——	0.00	——	——
		服务、不动产和无形资产	19	——	——	0.00	——	0.00	——	——

图 3－3－76　增值税申报表附列资料(2)

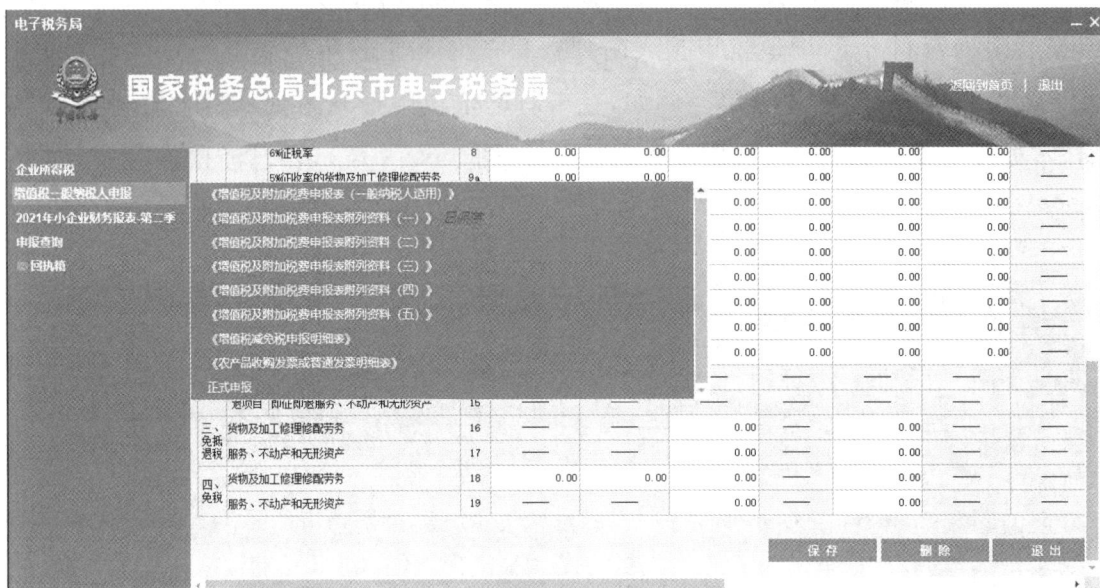

图 3 - 3 - 77　增值税申报表附列资料（3）

第三步：检查无误后，提交申报（见图 3 - 3 - 78）。

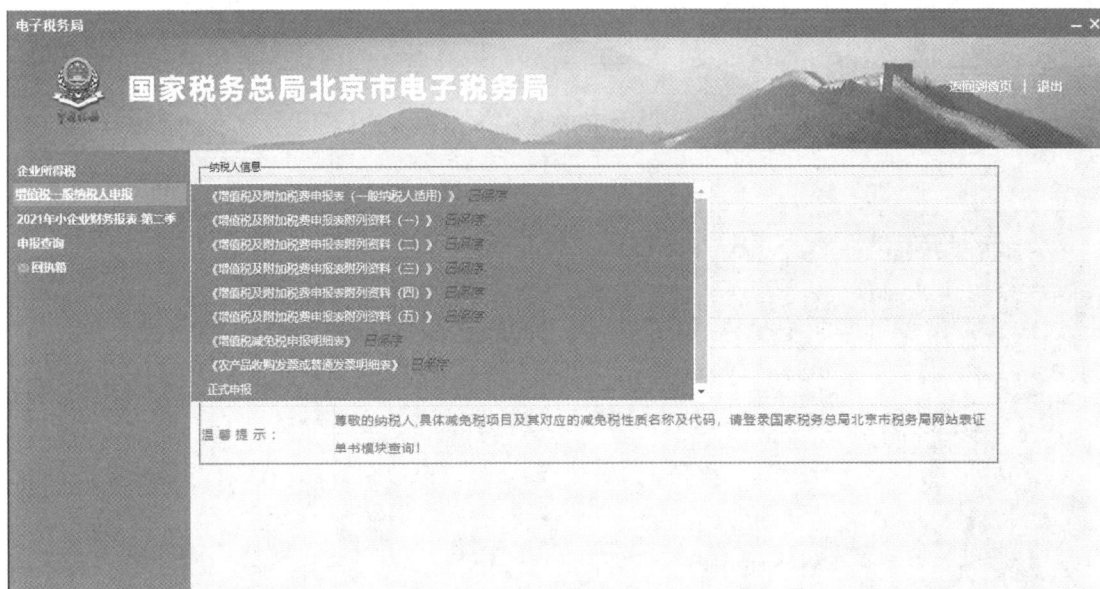

图 3 - 3 - 78　增值税申报

注：请注意检查，一旦提交后，系统将数据发送到后台进行处理，并完成申报过程，要尽可能避免多报税或者少报税的情况。

申报完成后，只能进行查看操作，而不能对里面的内容进行操作（见图 3 - 3 - 79）。

10.103.30.5:3070 显示

申报成功!

确定

图 3-3-79 申报成功

申报增值税时，可以选择是否一并申报附加税。在主表下方【是否采用"主附税一体化申报缴税功能"】中选择"是"，可一并申报附加税，根据企业性质选择减征政策，金额核对无误后单击"保存"按钮，如图 3-3-80 和图 3-3-81 所示。

增值税及附加税费申报表附列资料（五）（附加税费情况表）

纳税人识别号：91110105094028425X　　　　　　　纳税人名称：北京博美体育用品有限公司
所属时期：20210601 至 20210630　　　　　　　　填表日期：20210702

税（费）种		被冲红所属期起					被冲红所属期止		试点建设培育产教融合型企	
		计税（费）依据				税（费）率	本期应纳税（费）额	本期减免税（费）额			
		增值税税额	增值税限额减免金额	增值税免抵税额	留抵退税本期扣除额			减免性质代码	减免税（费）额	减免性质代码	本期抵
		1	2	3	4	5	6=（1+2-4+3）×5	7	8	9	10
城市维护建设税	1	46740.20	0.00	0.00	0.00	0.07	3,271.81	∨	0.00		
教育费附加	2	46740.20	0.00	0.00	0.00	0.03	1,402.21		0.00		
地方教育附加	3	46740.20	0.00	0.00	0.00	0.02	934.80		0.00		
合计	4	140,220.60	0.00	0.00	0.00	——	5,608.82		0.00		

本期是否适用试点建设培育产教融合型企业抵免政策	是否	当期新增投资额	5
		上期留抵可抵免金额	6
		结转下期可抵免金额	7

图 3-3-80 增值税及附加税费申报表附列资料（1）

税（费）种		被冲红所属期起					被冲红所属期止		试点建设培育
		计税（费）依据				税（费）率	本期应纳税（费）额	本期减免税（费）额	
		增值税税额	增值税限额减免金额	增值税免抵税额	留抵退税本期扣除额			减免性质代码	减免税（费）额	减免性质代码
		1	2	3	4	5	6=（1+2-4+3）×5	7	8	9
城市维护建设税	1	46,740.20	0.00	0.00	0.00	0.07	3,271.81	∨	0.00	
教育费附加	2	46,740.20	0.00	0.00	0.00	0.03	1,402.21	∨	0.00	
地方教育附加	3	46,740.20	0.00	0.00	0.00	0.02	934.80	∨	0.00	
合计	4	140,220.60	0.00	0.00	0.00	——	5,608.82		0.00	

本期是否适用试点建设培育产教融合型企业抵免政策	是否	当期新增投资额
		上期留抵可抵免金额
		结转下期可抵免金额
可用于扣除的增值税留抵退税额使用情况		当期新增可用于扣除的留抵退税额
		上期结转可用于扣除的留抵退税额
		结转下期可用于扣除的留抵退税额

保存　　删除　　退出

图 3-3-81 增值税及附加税费申报表附列资料（2）

(四)印花税

进入印花税纳税申报(报告)表,单击"添加申报记录",选择税目,进入选择项,如图3-3-82~图3-3-86所示。

明细表信息

序号	税种	操作
1	印花税	税源采集
2	城镇土地使用税	税源采集
3	房产税	税源采集

温馨提示

图3-3-82　添加申报记录

印花税税源采集

纳税人识别号:		纳税人名称:		申报标志:	
税款所属期起:		税款所属期止:		查询税源　新增税源　作废税源	

查询结果

□	序号	税款所属期起	税款所属期止	申报标志	录入日期	操作

图3-3-83　印花税税源采集

印花税税源采集

印花税税源明细表　　保存　退回

纳税人识别号	9111010509409428425X	纳税人名称	北京堵美体育用品有限公司	申报属性	正常申报
纳税期限	按月	税款所属期起	2021-06-01	税款所属期止	2021-06-30

温馨提示:新增税源时可以通过选择纳税期限和税款所属期起采集相应属期的税源信息,修改税源时纳税期限和税款所属期起无法修改。
1.按月的[税款所属期起]为某月的第一天。
2.按季的[税款所属期起]为xxxx-01-01,xxxx-04-01,xxxx-07-01,xxxx-10-01。
3.按半年的[税款所属期起]为xxxx-01-01,xxxx-07-01。
4.按年的[税款所属期起]为xxxx-01-01。
5.按次的[税款所属期起]为应纳税凭证立(领受)日期。

按期申报

税目	税款所属期起	税款所属期止	应纳税凭证编号	应纳税凭证立(领受)日期	计税金额或件数	核定比例	税率	应纳税额	减免性质代码和项目名称	减免税额	已缴税额	增加
1	2	3	4	5	6	7	8	9	10	11	12	13
购销合同	2021-06-01	2021-06-30			0.00	0.00	0.0300%	0.00		0.00	0.00	--
货物运输合同	2021-06-01	2021-06-30			0.00	0.00	0.0500%	0.00		0.00	0.00	--
合计	--	--	--	--	0.00	--	0.00		0.00	0.00	--

图3-3-84　印花税税源明细表

◎ 当前位置：税费申报及缴纳 > 财产和行为税合并纳税申报

财产和行为税合并纳税申报

纳税人基本信息

纳税人名称 北京博美体育用品有限公司　　　　　　　　　纳税人识别号 9111C

纳税期限 按月申报

税款所属期起 2021-06-01　　　　　　　　　　　　　　　税款所属期止 2021-

申报表信息

序号	是否申报	税种
1	☑	印花税
2	☐	城镇土地使用税
3	☐	房产税

图 3 - 3 - 85　印花税申报

财产和行为税纳税申报表

纳税人识别号（统一社会信用代码）	91110105094028425X	纳税人名称		北京博美体育用品有限公司	申报类型		正常申报
申报日期	2021-07-02	税款所属期起		2021-06-01	税款所属期止		2021-06-30
本期是否适用增值税小规模纳税人减征政策	否	本期适用增值税小规模纳税人减征政策起始时间			本期适用增值税小规模纳税人减征政策终止时间		
序号	税种	税目	税款所属期起	税款所属期止	计税依据	税率	应纳税额	减免税额	已缴税额	应补退税额
1	印花税	购销合同	2021-06-01	2021-06-30	0.00	0.0300%	0.00	0.00	0.00	0.00
2	印花税	货物运输合同	2021-06-01	2021-06-30	0.00	0.0500%	0.00	0.00	0.00	0.00
合计	-	-	-	-	0.00	-	0.00	0.00	0.00	0.00

图 3 - 3 - 86　印花税申报表

核对完毕，确认信息无误后确定申报（见图 3 - 3 - 87）。

申报成功

✓　尊敬的北京博美体育用品有限公司 (91110105094028425X)：

您的税款所属期为2021-06-01至2021-06-30的《财产和行为税纳税申报表》已申报成功。

请及时缴纳税款，以免产生滞纳金！超过法律、行政法规规定或者税务机关依照法律、行政法规的规定确定的缴纳期限缴款的，将从税款滞纳次日起按日加收滞纳税款万分之五的滞纳金。

税种		申报情况
印花税	申报金额: 0.00	
印花税	申报金额: 0.00	

图 3 - 3 - 87　申报成功

【微课】
房产税及城镇土地
使用税申报

(五)财务报表报送

执行《企业会计准则——基本准则》《企业会计制度》《小企业会计准则》的纳税人,应报送资产负债表、利润表和现金流量表,如图 3-3-88 所示。

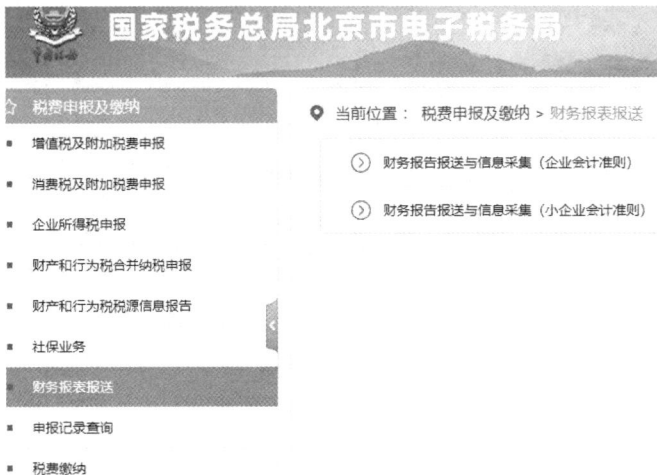

图 3-3-88　财务报表报送

(六)税费缴纳

将计算出的应纳税额向税务机关申报,如图 3-3-89 所示。

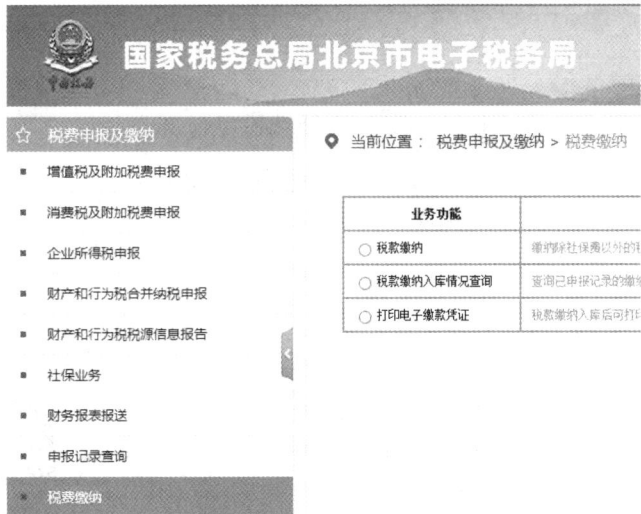

图 3-3-89　税费缴纳

五、网上税务局——网上认证

登录企业电子报税管理系统,需进行数字证书登录(见图 3 - 3 - 90)才能进入界面(见图 3 - 3 - 91)。

【微课】
发票认证

图 3 - 3 - 90 数字证书登录

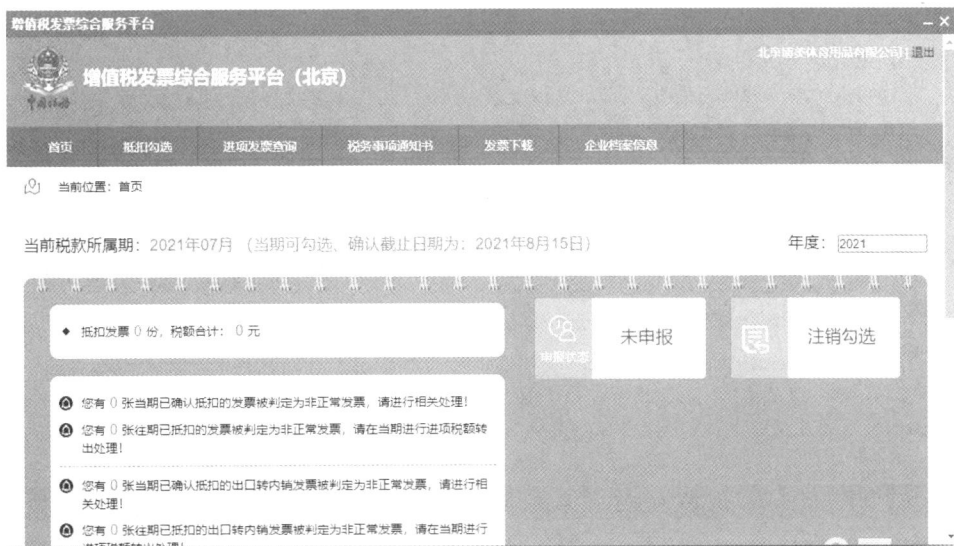

图 3 - 3 - 91 增值税发票综合服务平台

(一)发票勾选

进入增值税发票综合服务平台后,进行抵扣勾选,如图3-3-92所示。

图3-3-92 发票抵扣勾选

(二)批量勾选

进入增值税发票综合服务平台后,进行抵扣勾选,抵扣勾选可选择发票批量抵扣勾选,如图3-3-93所示。

图3-3-93 发票批量抵扣勾选

(三)发票查询

发票查询如图 3 - 3 - 94 所示。

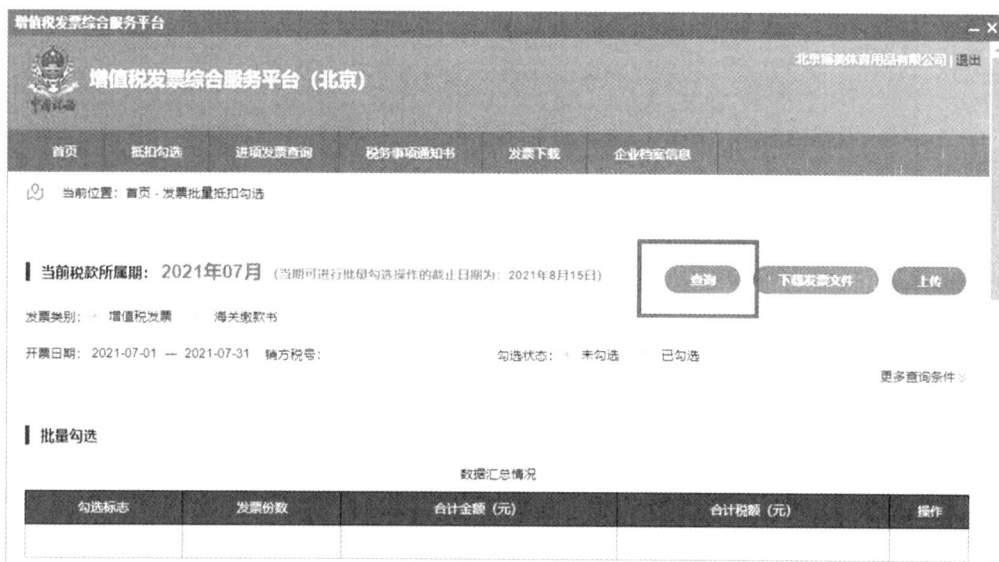

图 3 - 3 - 94　发票查询

(四)抵扣统计

发票抵扣勾选统计如图 3 - 3 - 95 所示。

图 3 - 3 - 95　发票抵扣勾选统计

(五)档案信息维护

档案信息维护分为基本信息维护与平台密码维护两种,如图 3-3-96 所示。

图 3-3-96 企业基本信息维护

六、自然人税收管理系统

自然人个人所得税纳税申报实务操作如下。

(一)登录操作

登录页面如图 3-3-97 所示。

【微课】
个人所得税申报

图 3-3-97 登录页面

主页如图 3 - 3 - 98 所示。

图 3 - 3 - 98 主页

(二)人员操作

在人员操作页面,可以对人员信息进行新增、修改、删除、导入、导出等操作。增员可以在信息中心下载 Excel 文档,单击"导入"进行操作(见图 3 - 3 - 99),无须一条一条手动添加。如要手动添加(见图 3 - 3 - 100),最后一定要单击"报送"(见图 3 - 3 - 101)。

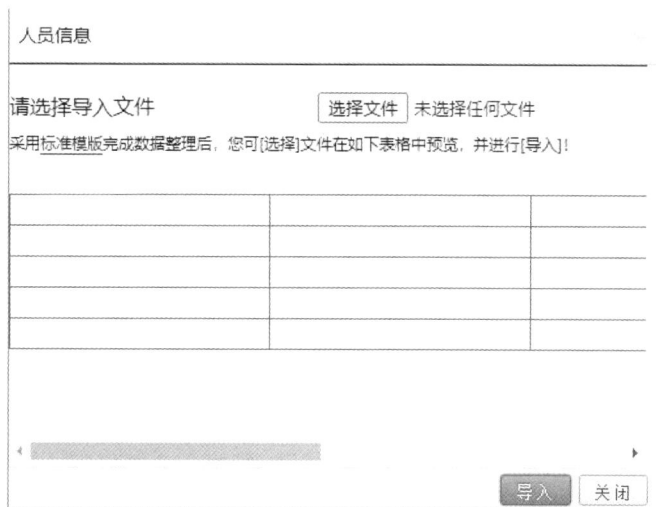

图 3 - 3 - 99 人员信息导入

图 3-3-100　人员信息手动添加

图 3-3-101　人员信息报送

减员则需手动操作。选中相应人员,单击"修改",将是否雇员改为"否",如图 3-3-102所示,将人员状态改为"非正常",如图 3-3-103 所示。

图 3-3-102　减员

图 3 - 3 - 103　人员信息修改为"非正常"

(三)专项附加扣除信息采集

(1)子女教育支出。在该页面可以对报表信息进行新增、导入、删除、报送、下载更新等操作。如果员工个人已通过个税 App 上报专项附加扣除资料,则只需单击"下载更新"即可加载相关信息;如果员工未自行上报,将专项附加扣除资料提交给公司,则可通过"新增""导入""报送"完成相关信息采集。

注:在任一采集界面单击"导入",均是对所有采集项目的操作,无须重复操作,如图 3 - 3 - 104 所示。

图 3 - 3 - 104　子女教育支出信息采集

（2）继续教育支出。在该页面可以对报表信息进行新增、导入、删除、报送、下载更新等操作，如图 3 - 3 - 105 所示。

图 3 - 3 - 105　继续教育支出信息采集

（3）住房贷款利息支出。在该页面可操作报表的基本信息，可以对报表信息进行新增、导入、删除、报送、下载更新等操作，如图 3 - 3 - 106 所示。

图 3 - 3 - 106　住房贷款利息支出信息采集

（4）住房租金支出。在该页面可以对报表信息进行新增、导入、删除、报送、下载更新等操作，如图 3 - 3 - 107 所示。

图 3 - 3 - 107 住房租金支出信息采集

（5）赡养老人支出。在该页面可操作报表的基本信息，可以对报表信息进行新增、导入、删除、报送、下载更新等操作，如图 3 - 3 - 108 所示。

图 3 - 3 - 108 赡养老人支出信息采集

(四)综合所得申报

(1)收入及减除填写。一般情况下,采用导入功能填写工资薪金表,在信息中心下载工资薪金表,操作依次如图 3-3-109～图 3-3-114 所示。

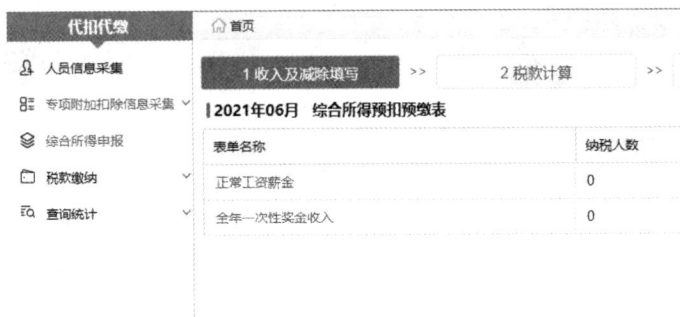

图 3-3-109　综合所得申报

图 3-3-110　正常工资薪金

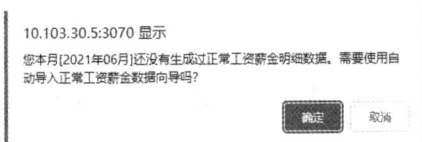

图 3-3-111　自动导入正常工资薪金数据

图 3-3-112　正常工资薪金导入

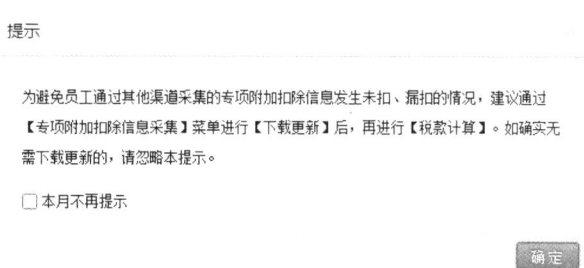

图 3 - 3 - 113　确认导入

⌂ 首页

2021年06月　正常工资薪金　　申报总人数：**67**人　　收入总额：**0.00**元　　应纳税额：**0.00**元　　应缴扣税额：**0.00**元

| 返回 | 添加 | 导入 | 预填专项附加扣除 | | | 导出 | 展开查询条件 |

	工号	姓名	证件类型	证件号码	所得项目	所得期间起	所得期间止	本期收入
☐	ZY10001	萧平旌	居民身份证	350203197206170118	正常工资薪金	2021-06-01	2021-06-30	0.00
☐	ZY10002	乐少峰	居民身份证	130728198312244398	正常工资薪金	2021-06-01	2021-06-30	0.00
☐	ZY10003	霍金	居民身份证	340405198704062995	正常工资薪金	2021-06-01	2021-06-30	0.00
☐	ZY10004	施佳丽	居民身份证	130682198212256421	正常工资薪金	2021-06-01	2021-06-30	0.00
☐	ZY10005	余霏	居民身份证	350304198011026213	正常工资薪金	2021-06-01	2021-06-30	0.00
☐	ZY10006	刘星	居民身份证	330922198906029819	正常工资薪金	2021-06-01	2021-06-30	0.00
☐	ZY10008	曹操	居民身份证	130728198511264313	正常工资薪金	2021-06-01	2021-06-30	0.00
☐	ZY10010	唐言蹊	居民身份证	130503198208118122	正常工资薪金	2021-06-01	2021-06-30	0.00
☐	ZY10011	欧雅若	居民身份证	210811198108132623	正常工资薪金	2021-06-01	2021-06-30	0.00
☐	ZY10012	张含枫	居民身份证	350582198501191533	正常工资薪金	2021-06-01	2021-06-30	0.00

图 3 - 3 - 114　正常工资薪金表

注：导入工资薪金表后，需要预填专项附加扣除，操作如图 3 - 3 - 115 所示。

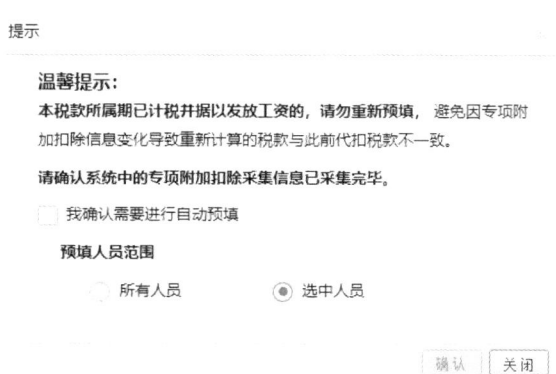

图 3 - 3 - 115　预填专项附加扣除

（2）税款计算。界面切换到"税款计算"，单击"重新计算"计算累计应纳税额及本期应补（退）税额，如图3-3-116所示。

图3-3-116　税款计算

（3）附表填写。界面切换到"附表填写"，如图3-3-117所示。若无相关信息，则不需要填写。

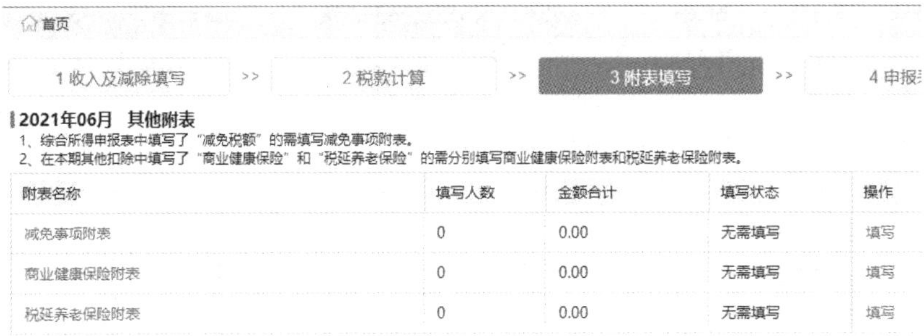

图3-3-117　附表填写

（4）申报表报送。单击"发送申报"（见图3-3-118）进行申报表报送，如果申报后发现数据有误，可通过作废申报和更正申报进行修改（见图3-3-119）。

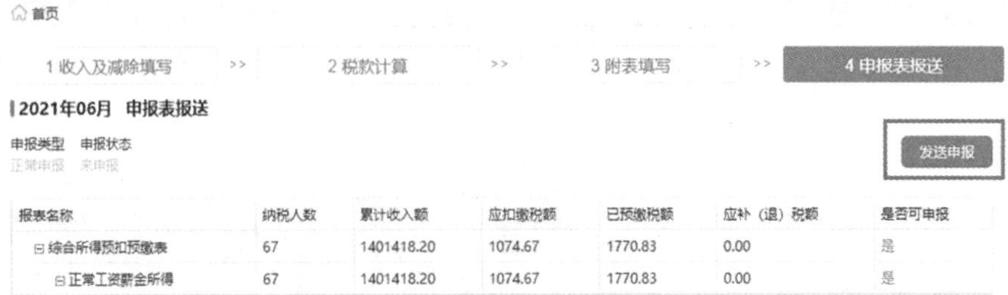

图3-3-118　申报表报送

图 3 - 3 - 119　申报成功

(五)税款缴纳

在上一步操作完毕后,进行缴款操作,单击"立即缴款",即可完成税款缴纳,如图 3 - 3 - 120、图 3 - 3 - 121 所示。

图 3 - 3 - 120　税款缴纳

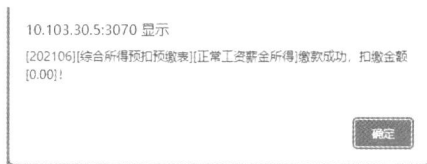

图 3 - 3 - 121　扣款成功

在"历史查询"中可以查询到缴款记录,如图 3 - 3 - 122 所示。

图 3 - 3 - 122　历史查询

（六）查询统计

（1）申报明细查询。如需按条件查询，在右侧填写条件，单击"查询"，如图 3-3-123 所示。

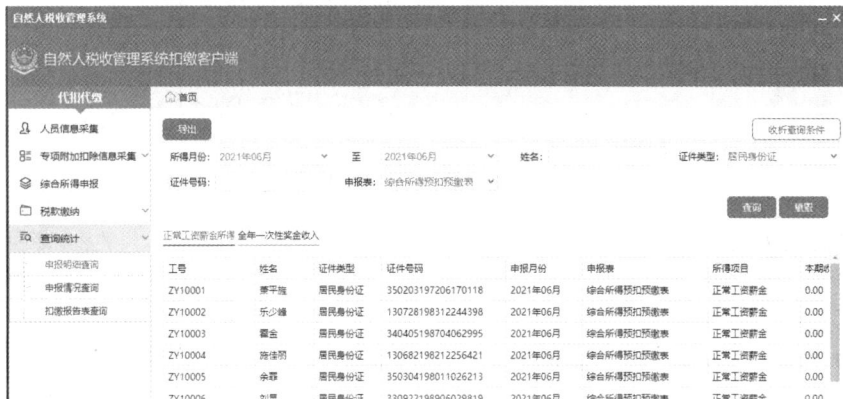

图 3-3-123　申报明细查询

（2）申报情况查询。申报情况查询如图 3-3-124 所示。

图 3-3-124　申报情况查询

（3）扣缴报告表查询。扣缴报告表查询如图 3-3-125 所示。

图 3-3-125　扣缴报告表查询

模块四　智能财税的未来发展趋势

【知识目标】

- 了解智能财税的创新应用；
- 了解智能时代对会计的影响；
- 了解智能财税下会计专业人才的培养目标。

【能力目标】

- 能够模拟开具电子发票；
- 能够进行简单的数据分析。

【素养目标】

- 拓展学生的职业发展能力；
- 提升学生的数字化处理能力。

【课件】
智能财税的未来发展趋势

课题一　智能财税的创新应用

智能财税是近年来随着信息技术的不断发展和普及而兴起的一种财务管理方式，其在各行各业中的应用越来越广泛。智能财税的创新应用为企业和个人的财务管理提供了更高效和更精确的方式。智能财税的创新应用包括但不限于以下几个方面。

【微课】
智能财税的创新应用

一、自动化会计

智能财税自动化会计是一种利用人工智能技术来实现自动化财务管理的系统，可实现传统的手工财务会计工作的自动化和智能化。智能财税自动化会计可以自动化完成财务数据的收集、分析、分类、处理和报告等工作，从而提高财务管理的效率和准确性。智能财税自动化会计可以自动化完成账簿记账、凭证填制、财务报表、税务申报等操作,并且可以实时监控企业的财务状况,及时发现问题并作出预警和分析。这种技术可以帮助企业降低人力成本,减少人为错误,提高数据处理的效率和准确性,还可以提供更快速、更精确、更全面的财务和税务数据分析结果,为企业的决策提供支持。此外,智能财税自动化会计可以与其他企业管理系统集成,如人力资源管理系统、采购管理系统、销售管理系统等,进一步提高企业的运营效率。

二、数据分析

智能财税数据分析是利用人工智能、大数据等技术对财务数据、税务数据进行分析和处理,从中提取有价值的信息,优化财务管理和税务筹划,提高企业运营效率和利润率,帮助企业管理者做出更加精准和合理的决策。同时可以帮助企业发现财务、税务方面的问题和潜在风险,也可以发现企业的优势和机会,为企业提供科学的决策支持。智能财税数据分析可以应用于多个领域,如财务分析、税务筹划、风险管理、市场营销等,智能财税数据分析可以帮助企业实现精细化管理,提高财务和税务效率,降低成本和风险,提升企业竞争力。

三、增值税智能认证

增值税智能认证是基于人工智能技术和大数据分析技术的一种智能化认证方式,其基于现代信息技术手段和智能化算法,对企业的增值税发票、销售、进项、销项等数据进行自动化分析和核对。增值税智能认证通过智能化的方式对增值税发票进行识别和认证,减少企业因为税务风险而带来的损失,从而确保纳税人的申报数据准确无误,提高增值税纳税人申报的准确性和规范性,并且提高企业的财务管理效率。增值税智能认证通过将纳税人的申报信息与税务部门的数据库信息进行比对,检查申报信息的准确性和完整性,从而提高申报质量,减少申报中的错误和漏洞,防止不当抵扣和逃税行为。增值税智能认证还能够提高税务部门的工作效率,节省人力和物力资源。

四、税务筹划

智能财税税务筹划是指利用人工智能、大数据等技术,对企业财务和税务数据进行深度分析和评估,制定合理的税务规划,提供智能化的税务筹划方案和建议,帮助企业降低税负,提高经营效益,规避风险。智能财税税务筹划可以根据企业的具体情况和需求,针对性地分析企业的财务和税务状况,提出具体可行的税务策划方案,有效降低企业的纳税风险和成本,优化企业财务和税务结构,提高企业竞争力和盈利能力。智能财税税务筹划的目的是为企业提供合法、合规、高效的税务方案,最大限度地降低企业税负,同时可以提高企业的生产经营效益。

智能财税税务筹划包括税务规划、税务优化、税务管理、税务风险控制等方面。

五、财务风险管理

智能财税财务风险管理是指利用人工智能技术和大数据分析等现代科技手段,对企业的财务状况进行监测和分析,从而进行风险管理和控制的过程。它可以帮助企业识别潜在风险,进行风险量化和评估,并提供相应的风险防范和应对措施,从而有效地保护企业的财务安全和稳定运营。

智能财税财务风险管理涉及的内容包括财务报表分析、财务预测和规划、财务风险评估和控制、税务筹划和合规管理等。通过有效的智能化财务风险管理,企业可以更好地应对经济环境的变化,提高财务管理水平和竞争力。

六、电子发票

传统发票需要纸质打印和手工填写,不仅浪费资源,还容易出现错误,带来一定的管理成本和风险。而智能财税电子发票则利用电子化技术和互联网技术,实现发票的电子化、在线化和智能化管理。具体来说,智能财税电子发票可以实时生成、传输和存储,还能够自动识别和校验发票信息,减少了人工操作和错误率,提高了工作效率和准确性。此外,智能财税电子发票可以与企业的财务软件和税务系统进行集成,实现全流程自动化管理,极大地降低了企业的财务管理成本和风险。总的来说,智能财税电子发票是智能财税的创新应用之一,为企业提供了高效、准确、安全的财务管理解决方案。智能财税电子发票是一种高效、便捷、环保的财务管理方式,将会在未来得到越来越广泛的应用。

未来,随着人工智能、大数据等技术的不断发展,智能财税的应用将会变得更加广泛、深入。

【技能强化】

一、单项选择题

1. 智能财税税务筹划包括税务规划、税务优化、税务风险控制和(　　　)。

A. 数据分析   B. 财务分析

C. 税务管理   D. 财务风险

2. 智能财税电子发票具有实时生成、传输、存储和（   ）的特点。

A. 高效   B. 便捷

C. 环保   D. 提高了工作效率和准确性

3. 智能财税自动化会计可以自动化完成账簿记账、财务报表、税务申报和
（   ）等操作。

A. 数据分析   B. 凭证填制

C. 财务分析   D. 税务管理

4. 智能财税的创新应用包括自动化会计、数据分析、税务筹划和（   ）。

A. 税务管理   B. 数据计算

C. 税务规划   D. 财务风险管理

5. 智能财税可以自动化完成数据的收集、分析和（   ）。

A. 财务风险   B. 记账凭证

C. 会计报表   D. 处理

二、多项选择题

1. 智能财税可以自动化完成数据的（   ）。

A. 收集   B. 分析   C. 分类   D. 处理

2. 智能财税自动化会计可以自动化完成（   ）等操作。

A. 账簿记账   B. 凭证填制

C. 财务报表   D. 税务申报

3. 智能财税的创新应用包括（   ）。

A. 自动化会计   B. 数据分析

C. 税务筹划   D. 财务风险管理

4. 智能财税税务筹划包括（   ）。

A. 税务规划   B. 税务优化

C. 税务管理   D. 税务风险控制

5. 智能财税电子发票的特点有（   ）。

A. 实时生成、传输和存储

B. 自动识别和校验发票信息

C. 减少了人工操作和错误率

D. 提高了工作效率和准确性

三、判断题

（　　）1. 智能财税电子发票是智能财税的创新应用之一。

（　　）2. 增值税智能认证不仅可以有效地提高企业的开票效率和减少错误率,也有利于税务部门的管理和监管。

（　　）3. 智能财税数据分析是利用人工智能、大数据等技术对财务数据、税务数据进行分析和处理,从中提取有价值的信息,优化财务管理和税务筹划,提高企业运营效率和利润率,帮助企业管理者做出更加精准和合理的决策。

（　　）4. 智能财税税务筹划包括税务规划、税务优化、税务管理、税务风险控制等方面。

（　　）5. 智能财税的创新应用不包括电子发票。

课题二　智能财税对未来财税专业人才的需求与培养

一、智能时代对会计职业的影响

（一）智能时代的特征

在智能时代,计算机技术被广泛应用,大量的人工智能被应用到各个领域,如智能医疗、智能交通、企业管理等。计算机技术不再是最初的数值统计计算功能,已经

【微课】
智能财税对未来财税
专业人才的需求和培养

进一步发展到可以自主学习、自主决策,形成了与人类智慧相接近的应对处理能力。人工智能跟随着语音、图像识别技术的发展及应用,逐步增加深度学习能力后,能够参与并很好完成的工作越来越多,而且涉及的层级也越来越高级,甚至能完成一些人工无法保证成功率的精密试验等。智能技术对人类工作和生活产生了不可忽视且充满正能量的影响,今后将继续被应用到更深层次的领域,促进人类社会加快发展的步伐。

(二)智能时代下会计行业的现状

在智能时代,网络信息技术渗透到了会计行业,体现在根据会计行业工作特点开发出各类财务软件,由智能财务软件进行信息处理,实施自动计数、制作凭证、编制财务报表等工作,大大地减少了会计从业人员的工作量。虽然人工智能在财务行业应用广泛,但是一些需要人工判断并作出深入分析的工作仍然由会计人员亲自完成。人工智能可以完成部分基础性的财务工作,对会计行业产生了不可忽视的正面影响,但是不能替财务人员完成所有工作。

(三)智能时代下财务人员的机遇及挑战

财务人员的主要工作是在遵守各项法律法规、会计行业规章制度的前提下,真实、完整、可靠地核算和反映服务单位的状况,并为会计信息使用者提供决策的信息。从具体工作内容划分看,财务岗位主要有出纳、记账会计、财务管理等,具体实行保管现金、管理固定资产等实物性工作,以及原始凭证记账、银行存款等日记账、报表编制等加工性工作。

智能时代,财务人员面临许多机遇和挑战。机遇方面:一是提高了工作效率,智能化工具可以自动化处理大量财务数据,减少人工操作,从而提高工作效率。财务人员可以更加专注于分析和解读数据,为企业的决策提供更有价值的建议。二是增强了数据分析能力,智能技术可以帮助财务人员更好地处理和分析数据,提取有价值的信息。这有助于财务人员更好地了解企业的财务状况,发现潜在的风险和机会,为企业的战略制定提供有力支持。三是数字化转型升级,随着智能化技术的发展,财务人员有机会通过学习和培训提升自己的技能和知识水平,从传统的财务会计转型为更加高级的财务管理或咨询角色。

挑战方面:一是技术适应,财务人员需要学习和掌握新的智能化工具和技术,这可能需要一定的时间和精力。对于一些年龄较大或者技术背景较弱的财务人员来说,这可能是一个挑战。二是工作岗位变革,随着智能化技术的应用,部分传统的财务会计工作可能会被自动化工具所替代,这可能导致部分财务人员失去工作岗位。同时,新的工作岗位可能需要更高的技能和知识水平,这也对财务人员提出了更高的要求。三是数据安全,在智能时代,数据的安全性变得更加重要。财务人员需要关注数据保护和隐私安全,确保企业的财务数据不被泄露或滥用。

总的来说,智能时代为财务人员提供了许多机遇,但也给他们带来了挑战。财务人员需要积极应对变革,不断学习和提升自己的技能和知识水平,以抓住机遇并应对挑战。

二、智能财税对会计工作的影响

(一)提高了财务工作效率

传统财务工作方式下,财务人员对各类会计工作进行账户处理,包括凭证收集、记账处理、报表编制等基础性工作,这些凭证审核、各科目记账、各类账簿的生成等都需要人工处理,工作量大,工作效率低,且不可避免地会出现或大或小的差错。特别是对大企业来说,这些传统基础会计工作量尤为巨大。用友、金蝶等智能财务软件的应用大大提高了财务工作效率,财务人员进行简单操作就可以完成所有会计凭证的生产、会计报表的编制等常规工作,能够避免工作失误,财务工作的准确度得以提高。同时,智能财务软件系统具备强大的存储、处理、分析能力,能将各类财务信息收集起来,为财务分析做好数据准备,也能建立合理模型以提供财务数据分析途径,减少财务人员的工作量。

(二)把财务人员从基础性工作中解放出来,实现了会计工作重点的转移

传统财务工作内容重复性强,占用了财务人员大量的时间和精力,导致财务人员没有多余的时间和精力投入分析企业财务状况及如何改善企业财务管理中。智能处理方式引入会计行业后,原来烦琐耗时的重复性、基础性工作由各类会计核算软件自行计算处理,处理方式更为高效、准确,既节省了财务人员的时间和精力,也避免了因财务人员主观操作形成的核算失误。应用智能财务软件系统后,财务人员的主要工作之一——核算,由相关财务软件完成,进而财务人员可以将更多精力放在改进财务状态、提高资金使用效率、提供决策有用信息等方面,从而将财务工作和企业生产经营活动紧密结合起来,为企业发展提供决策有用的辅助信息。

(三)进一步规范了财务工作,会计信息质量得以提高

传统工作模式下,财务人员在进行账务处理时,处理流程复杂且需要进行数据录入、处理等工作,人工操作不可避免地会出现流程不合理、处理方法不规范、录入数据错误等情况,造成记账失误,形成非主观的错误会计信息。智能财务处理方式下,财务软件合理划分了各个财务岗位的系统用户和操作权限,避免了财务造假和不规范的账务处理。此外,智能财务软件系统在财务人员数据输入错误的情况下能够进行提示,引导财务人员发现错误并进行改正,能够提高财务工作的准确度,

避免财务核算错误。

(四)对财务信息安全性形成挑战

智能财务软件系统虽然能够提高会计工作效率,保证财务数据质量,且具有较大的信息存储处理能力,但是由于应用时间不长,所以也存在必须正视的缺陷,其中之一是系统安全防范措施不够强。在智能时代,网络信息技术发展中面临黑客、系统漏洞、病毒感染等常见情况,这些情况发生后会影响财务数据安全性,造成企业商业秘密泄露等。另外,在数据传输环节,可能存在人为主观泄露和丢失风险,也可能存在数据被其他人拦截泄露的情况。如何保证财务数据信息的安全性是智能财务时代下财务工作人员需要重视的。

三、智能财税下会计专业人才培养目标

(一)数据处理和分析能力

智能财税系统需要会计专业人员具备较强的数据处理和分析能力,能够对大量的财务数据进行有效的整理、归类和分析,为系统提供准确的数据支持。

(二)技术应用和系统操作能力

智能财税系统需要会计专业人员具备良好的技术应用和系统操作能力,能够熟练运用各种财务软件和智能财税系统灵活处理各类财务操作和报表编制。

(三)税务法规和政策熟悉程度

智能财税系统是基于税务法规和政策进行开发的,因此会计专业人员需要熟悉国家税收政策和财务规范,能够准确理解并妥善处理相关的税务问题。

(四)信息安全和风险控制意识

智能财税系统涉及大量敏感的财务信息和个人隐私,会计专业人员需要具备较高的信息安全和风险控制意识,能够有效保护财务数据的安全性和机密性。

(五)团队协作和沟通能力

智能财税系统的运营通常需要会计专业人员与财务、税务和互联网等多个部门进行密切合作,因此会计专业人员需要具备良好的团队协作和沟通能力,能够快速、有效地解决各类协调和沟通问题。

四、中职学校财经专业人才培养方向

中职学校财经专业应注重培养学生的实践能力和职业素养,可以通过以下四

种方式来提高学生的实际操作能力和综合素养,为学生未来的职业发展打下坚实的基础。

(一)坚持市场导向,深度推进校企合作

深度推进校企合作,一方面可以邀请企业专家参与人才培养方案的制定,利用他们对市场、企业的准确把握,帮助学校进一步明晰企业对人才的具体要求。另一方面可以通过线上或线下的方式,邀请企业专家参与到学校日常的实践教学和实务分享中来,引入企业真实业务,让学生能够真正了解企业财会岗位的工作需求,更快适应岗位工作。

(二)加强课程整合,实现"岗课赛证融通"

中职院校目前的专业课程设置中缺乏大数据、管理决策等方面的课程,而这恰恰是当下财会岗位工作者十分需要的技能,因此,要精简和调整中职院校现有的专业课程,对传统会计课程进行相应的缩减和整合,在此基础上加入新课程,如大数据会计、财务共享事务、财务决策等,积极推动"岗课赛证融通"。

(三)增加培训和实践机会,提高教师综合素质

学校必须创造条件切实增加教师参加培训和去企业实践的机会,并积极鼓励教师参与各种企业岗位工作和专业相关的培训。

(四)利用信息化手段,强化教学效果

在教学过程中充分利用现代化教学手段,提高课堂的趣味性和教学的灵活性,强化教学效果。同时,在课堂上引入财会相关实训教学软件和企业工作中的实际应用平台,模拟企业真实的工作环境,增强学生对实际工作的感知度,提高专业技能。

中共中央办公厅、国务院办公厅印发《关于推动现代职业教育高质量发展的意见》明确,到 2025 年,职业教育类型特色更加鲜明,现代职业教育体系基本建成,技能型社会建设全面推进;到 2035 年,职业教育整体水平进入世界前列,技能型社会基本建成。

【技能强化】

一、单项选择题

1. 财务人员的主要工作是在遵守各项法律法规、会计行业规章制度的前提下,

真实、( )、可靠地核算和反映服务单位的状况。

 A. 完整   B. 全面   C. 可信   D. 综合

 2. 智能财务软件系统具备强大的( )、处理、分析能力。

 A. 存储   B. 计算   C. 预测   D. 评估

 3. 智能财税系统需要会计专业人员具备良好的技术应用和( )能力。

 A. 系统操作   B. 数据处理   C. 数据分析   D. 数据计算

 4. 从具体工作内容划分看,财务岗位主要有出纳、记账会计、( )等。

 A. 财务管理   B. 管理会计   C. 档案管理   D. 成本会计

 5. 传统财务工作具有内容重复性强、占用财务人员大量的时间和精力、不能深入分析( )的特点。

 A. 企业财务状况   B. 会计工作重点转移

 C. 提供决策   D. 工作效率低

二、多项选择题

1. 智能财税对会计工作的影响主要包括( )。

 A. 实现了会计工作重点的转移

 B. 进一步规范了财务工作

 C. 对财务信息安全性形成挑战

 D. 把财务人员从基础性工作中解放出来

 2. 智能财税下会计专业人才培养目标包括( )。

 A. 数据处理和分析能力   B. 技术应用和系统操作能力

 C. 税务法规和政策熟悉程度 D. 信息安全和风险控制意识

 3. 传统财务工作的特点包括( )。

 A. 内容重复性强

 B. 占用财务人员大量的时间和精力

 C. 不能深入分析企业财务状况

 D. 工作效率低

 4. 智能财税下会计工作的特点包括( )。

 A. 改进财务状态

 B. 提高资金使用效率

 C. 提供决策有用信息

D. 财务工作和企业生产经营活动紧密连接

5. 智能财税系统需要会计专业人员具备较强的（　　　）和（　　　）的能力。

A. 数据处理　　　　　B. 数据分析　　　C. 税收政策　　　　D. 财务规范

三、判断题

（　　）1. 利用智能财务软件进行信息处理，实施自动计数、制作凭证、编制财务报表等工作，大大地减少了会计从业人员的工作量。

（　　）2. 智能财税系统不是基于税务法规和政策进行开发的。

（　　）3. 智能财务软件系统没有缺陷。

（　　）4. 从具体工作内容划分看，财务岗位主要有出纳、记账会计、财务管理等。

（　　）5. 智能财务软件系统具备强大的存储、处理、分析能力。

参 考 文 献

[1] 彭娟,陈虎,王泽霞,等.数字财务[M].北京:清华大学出版社,2020.

[2] 陈淼.《数字与财务改革》翻译实践报告[D].大连:大连外国语大学,2022.

[3] 栾琳琳.数字经济时代下企业间高管联结与财务共享服务[D].长春:吉林大学,2023.

[4] 王佳彤.财税一体化共享平台建设研究——以 HE 集团为例[D].大连:东北财经大学,2023.